日刊コンピ
ハイパー万券サーチ

「競馬最強の法則」日刊コンピ研究チーム

KKベストセラーズ

はじめに～飯田ハイパーのレガシー

本書は2014年8月末に刊行した『日刊コンピ　ハイパーサーチ』の第2弾にあたる。約3年の期間を経てデータを刷新、新たな企画を盛り込み、より万券（万馬券）的中戦略にカジを切っている。

前書でもふれたが、ハイパーサーチの原型は、〝日刊コンピの伝道師〟故・飯田雅夫氏のコンピ馬券術「ハイパーナビゲーション」にある。

飯田ハイパーは、過去の膨大なコンピ・データをたどりながら、穴馬券を狙っていく手法。「二度あることは三度ある。三度あることは四度ある」（飯田氏）という、コンピ順位（指数）の組み合わせの再現性の追求がテーマだった。

晩年は日刊スポーツのイベントにも参加し、コンピ馬券術を広めた飯田雅夫氏。

1998年、写真誌FLASH（光文社）に初登場。当時、タクシー運転手を本業にしていた飯田氏は「万馬券タクシードライバー」として一躍〝時の人〟となった。そして初著書『飯田式スーパーコンピ馬券術　ハイパーナビゲーション』（同社刊）は、8万部という、馬券本としては空前

のベストセラーに。

それから約20年、日刊コンピはベテランからビギナーまで必須の馬券ツールとなった。飯田氏は13年夏に急逝されたが、飯田ハイパーは今も生きている。

本書は飯田氏が遺したコンピ・データ検索ソフトを活用。３連単・３連複、そして馬連&馬単といった券種を配当別に分類、コンピ（順位）の買い目候補をサーチ（検索）している（データの期間は２０１４年１月〜17年６月の３年半。ただし１〜３章の配当別のパターンは03年１月〜17年６月）。

それでは飯田ハイパーのレガシー（遺産）を公開していくことにしよう。

２０１７年７月末　本書編集部

●日刊コンピ指数は初めてという方に——

「日刊コンピ指数」とは、レース当日、日刊スポーツ紙に掲載される出走馬の能力指数です。馬番、枠番コンピとも最高指数は 90、最低指数は 40。コンピ指数は日刊スポーツ本紙の他、

★パソコン＝極ウマ・ＰＲＥＭＩＵＭ

http://p.nikkansports.com/goku-uma/

★携帯電話＝日刊スポーツ競馬でも、レース前夜から閲覧できます。

★問い合わせは TEL03-3545-8173（平日 10 時〜 18 時）、または下記アドレスまでメールにてお願いいたします。

denden@nikkansports.co.jp

本書を読むための用語解説

●ポジションギャップ

日刊コンピとリアルオッズは一致するケースがかなり多い――これはコンピ・ファンの常識だろう。そこで登場するのが「ポジションギャップ（PG）」という概念。コンピ順位と実際の単勝人気順位の〝ズレ〟を示す。PGは次の4つに分類される。

・PG………コンピ順位よりも、単勝人気が「3」以上、上の場合（例：1番人気↑コンピ4位）
・SPG……コンピ順位よりも、単勝人気が「5」以上、上の場合（例：1番人気↑コンピ6位）
※Sはスーパー
・裏PG……コンピ順位よりも、単勝人気が「3」以上、下の場合（例：4番人気↑コンピ1位）
・裏SPG…コンピ順位よりも、単勝人気が「5」以上、下の場合（例：6番人気↑コンピ1位）

一般的に「PG、SPGに該当する馬は買い」となり、「裏PG、裏SPGに該当する馬の好走率は低くなる」とされる。ただし、後述するようにレースによっては、裏（S）PG馬も買いの対象としており、ヒモとしては押さえておきたい。

●大数（たいすう）の法則

ある程度、回数を重ねると、理論上の確率に限りなく近づいていく数理上の法則。例えばコイン投げを繰り返していけばいくほど、表と裏の出る確率は2分の1に近づいていく。

この考えを、コンピ順位の出現率に応用すると、最近出現していない順位をあえて狙うといった方法論にもつながる。

●指数の断層

連続している順位で指数の大きな差がある場合を指す（一般的に「3」以上）。

例えば、8位56で9位51（指数差は「5」）。この場合は8位までを馬券対象とするのがセオリー。下位では、指数46までを境にして、それ以降はガクンと指数が落ちるケースが多く、故・飯田雅夫氏も指数46までの馬をヒモとすることが多かった。

ただし、1～3位の上位ではこうした指数差があることは珍しくなく、断層の対象外。

●1減並び

指数差が「1」で、順位が連続している場合を指す。例えば、5位54・6位53・7位52・8位51・9位50……といったケースだ。飯田ハイパーでは、1減並びが長ければ長いほど、出走馬の能力が拮抗、「混戦」を示すとしている。

第1章　堅実配当から大穴馬券まで一発検索！

ハイパーサーチ3連複編　11

第2章 スーパーヘビー級万券が待っている！

ハイパーサーチ3連単編 95

・成績、配当等は必ず主催者発行のものと照合してください。
・名称、所属等は一部を除いて、2017年7月末日時点のものです。日刊コンピ・成績データは17年6月25日終了時点のものです。
・各ページの＜基本買い目＞は、あくまでもデータから導き出された買い目の候補であり、馬券購入は自己責任においてお願いいたします。

◎馬柱＆コンピ表・日刊スポーツ
◎撮影・野呂英成　◎装丁＆本文ＤＴＰ・オフィスモコナ

第1章

堅実配当から大穴馬券まで一発検索！
日刊コンピ ハイパーサーチ

3連複編

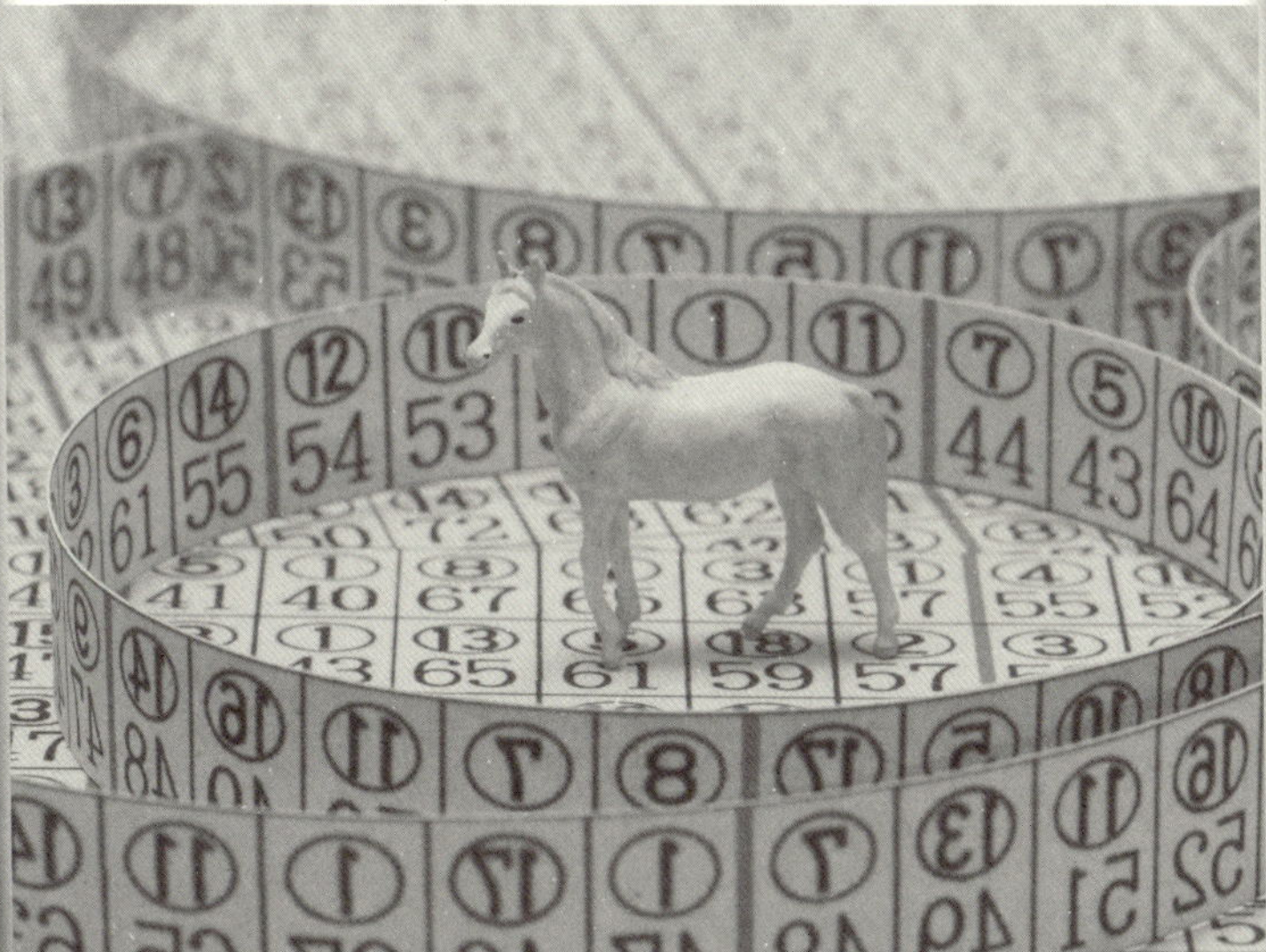

本文を読む前に……

2014年版『日刊コンピ　ハイパーサーチ』では馬連、馬単を中心に掲載したが、今回は3連複、3連単を効率よく獲るための指数配列をメインに掲載することにした。

ハイパーサーチという書名は先述したように、飯田氏のハイパーナビゲーションに敬意を表し、付けられた名前である。コンセプトワークとしては、日刊コンピの1位指数や2位指数の配列から、軸となる馬や馬券になる範囲の馬を導き出すというもの。この手法は本書でも大きく変わっていない。さらにハイパーサーチ独自のファクターとして、指数検索をする際に〝配当〟の概念を加えている。

3連複でいうと、1000円以上～3000円未満、3000円以上～5000円未満、5000円以上～100倍未満、万馬券以上、特大万馬券というように配当を分類。このゾーンの配当で当たりやすい指数を掲載している。

例えば1位90のケースでは、非常に1位が軸馬として堅いというのは、誰も納得できるだろう。14年1月～17年6月までで、1位90となったレースは606レースあった。そこでの1位馬は複勝率82・7％を記録、501レースで馬券になっている。

1位90ともなると、圧倒的1番人気になっていることも少なくない。しかし、1位90が馬券になったときの3連複の平均配当は6956・4円もある。つまり、複勝率の高い1

位90が軸の3連複は的中しやすいうえに、配当もファンがイメージしているほど悪くないということがわかったのだ。

もちろん、頭数によっては1000円を切る場合もあるが、ハイパーサーチで検索した組み合わせを狙っていれば、思わぬ好配当が獲れることもあるはずだ。

同様に3連単の場合を調べてみると、1位90が馬券になった501レースでは、平均配当が3万8823・4円にのぼる。1位90の着順が2、3着時の数字も含まれているが、複勝率の高さを考えると、買い方次第でチャンスがあると考えて間違いなさそうだ。

今回もこうしたハイパーの基本に則り、指数配列と配当を軸に馬券の獲りやすいパターンを紹介していくことにしよう。また、最後には少頭数（8〜13頭）におけるコンピでの狙い方も掲載した。

少頭数レースは堅いというイメージを持つかもしれないが、意外と波乱レースも少なくない。頭数も手頃のため、積極的に人気薄やコンピ下位馬にも流せるのがポイントだ。どちらにしても馬券を攻略するうえで、コンピが有用なツールとなるのは間違いない。

なお、3連単高配当の基本買い目などでは、かなり点数が広がるケースもある。このあたりの買い方については各自の資金と自己責任において、判断してほしい。特にヒモについては、掲載されている表を選択の参考にしてもらいたい。

★１位90軸で3000円までの堅実配当をキャッチ…１

1位90・2位72〜70・3位60

▼３連複の基本買い目

１位―２位の２頭軸流し

押さえ：１位―6、7位―ヒモ

▲このスタイルは３連複フォーメーションを表す（以下同）

配当イメージ：1000 〜 3000 円

●このパターンの総出現数…19 レース

１位 90 の連対率 89%　複勝率 100%

※総出現数は指数配列に加えて配当イメージの範囲内に収まったレース数

12	13	14	15	16	17	18	配当
42							1420
47	43	42	41	40			2080
46	41	40					1480
45	43	42	41	40			1870
41	40						1760
							2040
44	43	42	41	40			1510
							2190
42	41	40					2620
46	45	44	43	42	41	40	2070
44	43	42	41	40			1640
							1400
46							2910
44	43	41	40				2930
45	44	43	42	41	40		1040

1着　2着　3着　総データ検索期間は 2013 年１月〜 17 年６月

CLOSE UP!

★ 2015 年５月 31 日京都５Ｒ（３歳 500 万下、ダ 1400 m）

１位 90 で１番人気（単勝 1.3 倍）の⑮ジェルブドールが順当勝ち。２着は６位 54（５番人気）②ビーチパラソル、３着４位 56（３番人気）⑩ゴーントレット。これで３連複はご覧のように 2930 円。１位 90 の１頭軸で相手２〜６位の５頭（10 点）でも、十分プラスになった。ちなみに３着にアタマ差の４着馬（10 番人気）が入れ替わると、３連複でも万馬券になった。

ヒモで重要なポジションの6、7位

この条件に該当するレースは2007年以降、直近で15レースあり、1位がすべて3着以内に入っている。2位も12レースで3着以内に入っており、基本的には1位＋2位からの3連複2頭軸流しがオススメだ。

その際は、1000円以上となる組み合わせだけをマークしておけば、点数も絞れて1000～3000円の配当を獲りやすくなる。また、11位以下は1頭も馬券になっていないので、最大でも10位までで計8点で済む。

2位以外では6、7位の2頭が相手となるだろう。さすがに1位&2位からの流し馬券では、3連複ベースで3、4位あたりが相手では1000円を下回ってしまうことも少なくない。そういった意味では6、7位の2頭がこの指数配列でのキモとなる。2位が馬券圏外（4着以下）になった2レースでは、6位が馬券に絡んでいた。

1位90・2位72～70・3位60（3連複配当1000～3000円、直近15例）

	日付、レース			1	2	3	4	5	6	7	8	9	10	11
	20070225	日	阪神	5	90	72	60	54	52	51	50	49	48	46	43
	20070317	土	中山	5	90	71	60	56	55	54	53	52	51	49	48
	20080601	日	中京	4	90	70	60	58	54	53	51	50	49	48	47
	20090412	日	阪神	2	90	70	60	56	55	53	50	49	48	47	46
	20090419	日	中山	3	90	71	60	56	54	53	52	51	50	47	42
	20091108	日	京都	12	90	72	60	56	53	49	48	47	46	40	
	20100828	土	小倉	9	90	72	60	55	54	53	52	48	47	46	45
	20101114	日	東京	1	90	70	60	57	54	53	52	50	48	47	40
	20111113	日	東京	10	90	70	60	57	56	55	54	49	48	47	46
	20111210	土	阪神	3	90	70	60	56	54	52	51	50	49	48	47
	20111218	日	中山	5	90	71	60	56	54	53	51	50	49	48	47
	20120616	土	阪神	11	90	70	60	56	55	53	51	49	47	41	40
	20120701	日	福島	4	90	71	60	56	53	52	51	50	49	48	47
★	20150531	日	京都	5	90	71	60	56	55	54	53	50	48	47	46
	20151003	土	阪神	7	90	70	60	57	56	52	51	50	49	47	46

★1位90軸で3000円までの堅実配当をキャッチ…2

1位90・2位69、68・3位61

▼3連複の基本買い目
1位ー2、3位ーヒモ
配当イメージ：1000 ～ 3000円

●このパターンの総出現数…15レース

1位90の連対率80%　複勝率100%

12	13	14	15	16	17	18	配当
							1990
40							1050
44	43	42	41	40			2590
45	44	43	42	41	40		2400
42	41	40					1270
44	43	42	41	40			2090
41	40						1100
							1530
47	46	44	43	42	41	40	1310
							2530
44	43	42	41	40			2690
42	41	40					2390
41	40						1800
47	43	42	41	40			2580

CLOSE UP!

★2017年2月12日京都1R（3歳未勝利、ダ1200m）

これは直近のレース。1位90（1番人気、単勝1.5倍）の⑤エイドローンがなんとか3着を死守。1着2位（2番人気）⑫メイショウアリソン、2着7位（10番人気、裏PG馬）①シンカイと入線。3連複は1、2位絡みだったので2580円にとどまったが、3連単は2万8360円と好配当だった（馬単は1万4570円！）。エイドローンはその後5月7日にやっと勝ち上がったが、未勝利戦で2着4回・3着3回と、典型的な詰めの甘い馬だった。

近年は1位が勝ち切れないパターン

「1位90・2位69、68・3位61」で検索すると、こちらも1位が3着以内パーフェクトという状況。ただ、前項ほど2位が強くないため、相手は吟味する必要がある。

基本的には2位が相手となるのだが、2位が4着以下に落ちた際は3位の台頭が目立つ（7レース中5レースが該当。3着以内の通算では2位が7回、3位5回）。

ヒモの傾向は前項に似ており、11位以下は考える必要がない。9、10位も3着以内に入ったのは1頭のみなので、絞るのであれば、8位以内でいいだろう。

13年後半からは1位が勝ち切れずに2、3着に留まるケースも目立っているので、2～8位の中で1頭を軸に決めて馬単の1頭軸マルチ馬券を購入しつつ、3連複を押さえる手はあるだろう。1位90が仮に3着なら、馬単では40～50倍は狙えるはず（右下で紹介している17年2月12日京都1Rは、2位→10位で万馬券だった）。

1位90・2位69、68・3位61（3連複配当1000～3000円、直近15例）

	日付、レース				1	2	3	4	5	6	7	8	9	10	11
	20060402	日	阪神	2	90	69	61	54	53	52	51	50	49	41	40
	20061210	日	阪神	1	90	68	61	58	56	54	47	46	43	42	41
	20080420	日	阪神	3	90	68	61	55	54	53	52	50	49	48	45
	20090829	土	小倉	8	90	69	61	58	55	52	50	49	48	47	46
	20120114	土	京都	8	90	68	61	58	56	53	50	48	47	46	44
	20120415	日	中山	1	90	68	61	57	55	54	53	52	50	47	46
	20121209	日	阪神	1	90	69	61	58	51	49	48	47	46	45	44
	20130302	土	阪神	12	90	68	61	56	55	53	50	49	46	41	40
	20130504	土	京都	3	90	68	61	57	54	53	52	51	50	49	48
	20131013	日	東京	6	90	68	61	58	57	54	49	47	46	40	
	20140524	土	京都	4	90	69	61	56	55	54	51	50	48	47	45
	20150905	土	新潟	10	90	68	61	56	55	54	53	51	50	48	43
	20161001	土	中山	10	90	68	61	60	55	54	53	52	47	46	42
★	20170212	日	京都	1	90	69	61	55	54	53	52	51	50	49	48

★１位90軸で3000円までの堅実配当をキャッチ…3

1位90・2位67・4位59、58

▼３連複の基本買い目

１位ー６、７位ーヒモ

（ヒモは７位以内）

配当イメージ：1000 ～ 3000 円

●このパターンの総出現数…37 レース

１位 90 の連対率 76%　複勝率 100%

12	13	14	15	16	17	18	配当
							1880
45	44	42	41	40			1280
46	45	44	43	42	41	40	2860
							1110
45	44	42	41	40			2840
							2970
42	41	40					1990
42	41	40					1650
42	41	40					1980
45	42	41	40				2930
							1060
42	41	40					1340
41	40						1120
44	43	42	41	40			1860
46	45	44	43	42	41	40	2710

CLOSE UP!

★ 2016 年 1 月 30 日京都 11 Ｒ北山Ｓ（４歳上 1600 万下、ダ 1800 ｍ）

コンピ１位 90（１番人気、単勝 1.6 倍）は⑥ブチコ。実力もさることながら、白毛で人気の牝馬。前走 1000 万下を快勝、この昇級の一戦も難なく突破するかと思われたが、ダッシュよく飛び出したＰＧ馬②キングノヨアケ（７位、４番人気）が逃げ切り。２着にやはり先行した２位（２番人気）の④エノラブエナ。ブチコは３着を死守、３連複は 1340 円も、３連単は１万 3880 円に。

1位90以外の上位が混戦のケース

1位が90でありながら、2位が67、4位59、58という状態は、1位90以外の上位馬で混戦模様ということを示している。3連複の配当が1000～3000円で収まる場合、必ず1位が3着以内に入っているのがわかるだろう。

この条件を満たし3連複が1000～3000円になったレースは37レースあり、1位90はすべて馬券になっているのは心強い。

相手は絞りにくいところだが、セオリー通り6、7位を組み合わせるのがベターか。また、8位以下の馬はほぼ馬券になっておらず9位以下は3着以内ゼロという具合。1位90以外の上位の指数が高いので、指数下位の馬はなかなか3着以内に割り込めないようだ。

場合によっては1位90の1頭軸で2～7位の6頭を相手にした馬券もありだろう（3連複15点）。この場合、トリガミの覚悟も必要だが、的中率は悪くないので、どうしても当てたい場合は一考の余地がある。

1位90・2位67台・4位59、58（3連複配当1000～3000円、直近15例）

	日付・レース				1	2	3	4	5	6	7	8	9	10	11
	20131005	土	東京	8	90	67	61	58	55	54	52	51	47	40	
	20140215	土	小倉	5	90	67	61	59	53	51	50	49	48	47	46
	20140222	土	小倉	4	90	67	59	58	54	52	51	50	49	48	47
	20140503	土	京都	9	90	67	64	58	53	52	48	46	40		
	20140621	土	阪神	3	90	67	61	59	54	53	52	50	49	47	46
	20140726	土	中京	4	90	67	60	58	55	54	52	51	46	41	40
	20140907	日	小倉	3	90	67	59	58	55	54	51	49	47	46	43
	20150111	日	京都	8	90	67	60	58	57	56	50	49	48	47	43
	20150405	日	阪神	11	90	67	59	58	55	54	53	52	47	46	43
	20150726	日	中京	12	90	67	61	59	55	51	50	49	48	47	46
	20150808	土	新潟	1	90	67	61	59	56	53	48	47	46	40	
★	20160130	土	京都	11	90	67	60	59	55	54	53	50	47	46	45
	20160625	土	函館	2	90	67	60	59	54	53	51	50	48	47	46
	20170319	日	中山	5	90	67	60	59	56	54	53	50	48	46	45
	20170506	土	東京	4	90	67	61	59	56	54	51	50	49	48	47

★１位90軸で3000円までの堅実配当をキャッチ…4

1位90・2位66以下・4位59・5位58

▼３連複の基本買い目

１位―２、５位―ヒモ

（ヒモは６位以内）

配当イメージ：1000 ～ 3000 円

●このパターンの総出現数…32 レース

１位 90 の連対率 84%　複勝率 100%

12	13	14	15	16	17	18	配当
							1340
46	43	42	41	40			2270
44	43	42	41	40			2050
44	43	42	41	40			1970
46	45	44	43	42	41	40	1070
47	46	41	40				1410
40							1350
43	42	41	40				1270
44	43	42	41	40			2440
41	40						2120
45	44	42	41	40			2850
40							1070
45	43	42	41	40			1500
46	43	42	41	40			1510
41	40						1910

CLOSE UP!

★ 2016 年６月 19 日阪神 10 Ｒ三宮Ｓ（３歳上 1600 万下、ダ 1200 ｍ）

コンピ、リアルオッズとも人気上位３頭で決まった一戦。それでも３連複は 1500 円（３連単 7800 円）と、まずまずの配当だったといっていいのではないか。そもそも、２着となった１位 90 ⑬ゴーインググレートは、１番人気といっても単勝オッズ 3.3 倍。指数 90 馬なら、普通、１倍台前半のオッズでも不思議はないところだが……。すんなり勝ち切れない気配は、こんなところにも感じられたのである。

1~3位で決まっても1000円超!?

1位90が圧倒的に抜けていて、2~5位が混戦というレース。この際、3連複の配当が1000~3000円になるレースは32レースが該当。1位はすべて3着以内をキープしている。前項に比べても1位以外の上位馬が混戦ムード。そのためか、7位以下の馬が馬券になることはほとんどない。基本は2~6位の馬を対象にしていればいい。

点数を絞るのであれば、1位&2位または1位&5位流しを選択したいところだが、場合によっては1位を1頭軸にし相手を2~6位（3連複10点）にした馬券もありだろう。1位馬が人気でも2~5位が混戦のため、意外と1、2、3位の組み合わせでも3連複1000円を超えることが少なくない。

2位の値が66、65であれば、1位&2位流しに絞ってもいい。その際は相手を4~6位にすること。データでは11レース中7レースが的中している。

1位90・2位66位以下・4位59・5位58（3連複配当1000～3000円、直近15例）

	日付・レース				1	2	3	4	5	6	7	8	9	10	11
	20080405	土	中山	6	90	61	60	59	58	57	51	50	48	47	40
	20080927	土	中山	1	90	65	62	59	58	54	52	50	49	48	47
	20090802	日	小倉	9	90	61	60	59	58	54	50	49	48	46	45
	20110604	土	東京	3	90	64	60	59	58	57	56	55	48	47	46
	20110717	日	京都	6	90	64	61	59	58	57	52	50	49	48	47
	20120527	日	京都	9	90	61	60	59	58	53	52	51	50	49	48
	20130713	土	中京	8	90	62	60	59	58	56	51	50	49	46	41
	20130811	日	新潟	3	90	66	60	59	58	53	52	51	49	47	46
	20130818	日	新潟	9	90	64	60	59	58	57	55	51	49	48	46
	20150131	土	京都	11	90	65	61	59	58	53	52	51	44	43	42
	20151129	日	京都	7	90	64	62	59	58	52	51	49	48	47	46
	20160130	土	京都	8	90	63	60	59	58	54	50	49	48	47	46
★	20160619	日	阪神	10	90	65	60	59	58	54	51	50	48	47	46
	20161127	日	東京	6	90	66	60	59	58	52	51	50	49	48	47
	20161204	日	中山	7	90	63	60	59	58	53	52	50	47	43	42

★１位90軸で3000円までの堅実配当をキャッチ…5

1位90・9位46・10位40（10頭立て）

▼３連複の基本買い目
１位—３位の２頭軸流し
（ヒモは８位以内）
配当イメージ：1000 ～ 3000 円

●このパターンの総出現数…13 レース

1 位 90 の連対率 69%　複勝率 92%

CLOSE UP!

★2013 年 10 月 13 日東京６Ｒ（３歳上 500 万下、ダ 1600 m）

１着⑧ニットウビクトリー（３位、３番人気）、２着⑦イッツガナハプン（８位、７番人気）、３着⑨ブライアンズオーラ（１位 90）の順で入線。ブライアンズは１番人気、単勝 1.5 倍とリアルオッズでも人気が集中していた。少頭数レース（10 頭立て）ゆえの過剰人気という面もあっただろうが……。３連複 2530 円、３連単３万 6540 円の配当の立役者は、直線でブライアンズを交わし２着に入った８位イッツガナハプンだった。

1位、次いで3位が強力

それほど出現パターンが多くない配列だが、下の表からは意外と2位が弱いことがわかるだろう。また、2位指数が66以下ならほぼ馬券になっていない。03年以降、この条件に合致したのは13レース。1位90は1回着外があるものの、ほぼ馬券になっているのがわかる。

1位の相手には3位を指名したい。13レース中9レースで3着以内をキープしているのだ。その際、相手は8位以内と少し点数を広げておきたい。6〜8位もしばし馬券になっている。10頭立てということもあり、9、10位はまず馬券にならない。

1位90は一度、馬券圏外に去っているが、その際は4位→2位→3位の順で決着していた。ここでも3位がしぶといということがわかるが、あくまで例外と考えていい決着だろう。

頭数も10頭立てなので、1、3位の3連複2頭軸流しの計6点で、10倍以上の配当がつけば御の字のはずだ。

1位90・9位46・10位40・10頭立て（3連複配当1000〜3000円）

	日付・レース				1	2	3	4	5	6	7	8	9	10	配当
	20030831	日	札幌	5	90	67	58	55	54	53	51	50	46	40	1040
	20050305	土	阪神	6	90	66	61	59	55	54	48	47	46	40	1580
	20050731	日	小倉	1	90	67	63	56	54	51	50	47	46	40	1580
	20050806	土	小倉	10	90	64	60	59	55	53	51	48	46	40	1160
	20061104	土	東京	10	90	72	59	57	54	53	51	48	46	40	1820
	20080831	日	小倉	1	90	68	60	57	54	51	49	47	46	40	1460
	20091108	日	京都	12	90	72	60	56	53	49	48	47	46	40	2040
	20110618	土	中山	2	90	71	58	56	55	54	49	48	46	40	1460
	20111015	土	京都	3	90	65	60	59	55	54	53	49	46	40	1830
	20121013	土	東京	1	90	66	64	57	55	53	50	48	46	40	1080
★	20131013	日	東京	6	90	68	61	58	57	54	49	47	46	40	2530
	20140125	土	京都	9	90	64	63	59	55	53	50	47	46	40	2150
	20150808	土	新潟	1	90	67	61	59	56	53	48	47	46	40	1060

★１位90軸で１万円未満の好配当をゲット…１

１位90・２位72～70（16頭立て）

▼３連複の基本買い目

１位―８、９位―ヒモ

（ヒモは12位以内）

押さえ：１位―指数49～46―ヒモ（ヒモは12位以内）

配当イメージ：5000円～１万円

●このパターンの総出現数…14レース

１位90の連対率79%　複勝率93%

12	13	14	15	16	配当
46	43	42	41	40	8600
44	43	42	41	40	5810
46	43	42	41	40	5570
44	43	42	41	40	7880
44	43	42	41	40	6900
44	43	42	41	40	8720
47	46	42	41	40	5790
44	43	42	41	40	6300
46	43	42	41	40	9530
46	43	42	41	40	8260
46	43	42	41	40	7390
46	43	42	41	40	5090
45	43	42	41	40	5020
44	43	42	41	40	5980

CLOSE UP!

★2012年４月７日中山８Ｒ（３歳500万下、ダ1200ｍ）

１位90（１番人気、単勝1.6倍）⑭カフェシュプリームが順当に１着。２着には２番人気に推された⑬サクラインザスカイ。この馬連は380円という低配当だったが、３着に11位で指数47の10番人気⑥ロードナイトが飛び込み、３連系はまずまずの配当に（３連複5090円、３連単１万1880円）。コンピ２位が飛んで、伏兵が台頭するパターンだった。

1位は堅軸も、2位が吹っ飛ぶ!?

1位が90で2位72～70ということは、1、2位が人気で抜けているという状況。それでも16頭立てのレースならば、3連複で5000円以上～1万円未満の配当がまずまず出現する。しかも1位は堅軸ながら（該当14レース中13レースで1位が3着以内）、2位が馬券圏外になることが目立つのだ。

相手を絞るのは難しいものの、12位以下は馬券になっていないし、2、3位も苦戦傾向にあるというのがポイントだ。

やはり、1位90が絡んで3連複でオイシイ配当になるということは、コンピ中位の8、9位あたりの激走が必要だとハイパーは示している。1位と8、9位を組み合わせた馬券は14レース中7レースが的中する計算。

さらに攻めるのであれば、1位から指数49～46を組み合わせた3連複馬券だ。また12位以下の低順位の馬は苦戦しており、基本的には無視してOKだろう。

1位90・2位72～70・16頭立て（3連複配当5000～1万円）

	日付・レース				1	2	3	4	5	6	7	8	9	10	11
	20040403	土	中山	7	90	70	60	55	54	53	52	51	50	49	47
	20050919	月	阪神	7	90	70	58	57	56	55	50	49	48	47	46
	20060617	土	福島	1	90	70	61	58	53	52	51	50	49	48	47
	20070304	日	中京	10	90	70	58	57	56	52	50	49	48	47	46
	20070512	土	京都	1	90	71	60	57	55	51	50	49	48	47	46
	20080607	土	東京	1	90	70	60	58	54	53	52	51	49	48	46
	20090117	土	中山	1	90	70	60	56	55	54	52	51	50	49	48
	20110305	土	中山	3	90	70	58	57	56	55	54	53	52	48	45
	20111002	日	中山	3	90	71	58	56	55	54	52	50	49	48	47
	20111120	日	東京	1	90	72	58	57	56	55	52	51	49	48	47
	20120317	土	中山	5	90	72	58	57	56	53	52	51	49	48	47
★	20120407	土	中山	8	90	72	59	57	53	52	51	50	49	48	47
	20141207	日	阪神	1	90	70	63	55	54	52	50	49	48	47	46
	20160417	日	中山	3	90	72	58	56	54	53	52	51	47	46	45

1位90（18頭立て）

▼3連複の基本買い目
1位—3位の2頭軸流し
（ヒモは11位以内）
押さえ：1位—指数50～48—ヒモ（ヒモは11位以内）
配当イメージ：5000円～1万円

●このパターンの総出現数…20レース

1位90の連対率90%　複勝率95%

12	13	14	15	16	17	18	配当
46	45	44	43	42	41	40	7360
46	45	44	43	42	41	40	8510
46	45	44	43	42	41	40	9620
50	49	48	47	46	41	40	5040
47	45	44	43	42	41	40	5140
47	46	44	43	42	41	40	7750
46	45	44	43	42	41	40	6140
47	45	44	43	42	41	40	8530
47	45	44	43	42	41	40	9120
48	47	45	44	42	41	40	6900
47	46	45	44	42	41	40	5940
47	46	44	43	42	41	40	5600

CLOSE UP!

★2013年12月7日中京4R（2歳未勝利、芝1200m）

2歳未勝利戦の芝短距離、18頭フルゲート、裏開催の中京、1位90（1番人気、単勝2.2倍）の⑱ハッピーロングランは大外……穴党ならば1位馬を蹴っ飛ばしたいところだが、こと最高指数90になるとそうはいかない。ハッピーロングランは快勝。2着には9位50の②ハンサムオウジ（11番人気）が入り、馬連は5160円の好配当。3着にはセオリー通り3位（3番人気）の⑮シゲルリクチュウが滑り込み3連複8530円（3連単4万2270円）。

18頭フルゲートでも1位90は強い！

1位90とはいえ、18頭立てで3連複の配当が5000円以上〜1万円未満となると、1位が飛んでしまう可能性を懸念していたが杞憂だった。この条件は20レースが該当し、1位90は19頭馬券になっている。しかも、その大半が1、2着というもので、むしろ他の条件よりも信頼度が高い。

さすがに1位90で3連複の配当が5000円以上となる際には、前項と同様、2位を相手にしてはダメ。2位はほとんど馬券にならないと覚えておいて間違いない。ただ、意外にも3位はまずまず健闘している。20レース中8レースで馬券になっていることを考えると、相手筆頭にしてよさそうだ。

指数で見ると、穴のカギを握るのが50〜48だ。この3頭のうち1頭が3着以内に入ったレースは11レースあった。究極的に絞る3連複の場合、1位＆3位の2頭軸で指数50〜48馬に流す3点。20レース中5レースで的中する。さすがに的中率は低くなるが、3点で50倍以上の馬券がしとめられるのであれば十分だろう。

1位90・18頭立て（3連複配当5000〜1万円、直近12例）

	日付・レース				1	2	3	4	5	6	7	8	9	10	11
	20090705	日	阪神	6	90	66	64	56	54	52	51	50	49	48	47
	20120526	土	京都	4	90	66	61	56	55	54	53	50	49	48	47
	20120721	土	中京	2	90	69	60	59	54	52	51	50	49	48	47
	20121103	土	東京	11	90	62	61	60	59	56	55	54	53	52	51
	20130407	日	阪神	4	90	63	62	59	58	54	53	51	50	49	48
	20130706	土	中京	6	90	69	61	59	57	54	53	51	50	49	48
	20130901	日	小倉	4	90	63	61	58	56	55	53	52	51	49	47
★	20131207	土	中京	4	90	64	59	57	56	54	53	51	50	49	48
	20140705	土	中京	6	90	65	61	58	54	53	52	51	50	49	48
	20150118	日	中京	11	90	63	61	60	59	57	55	53	51	50	49
	20160423	土	京都	11	90	67	63	61	59	57	53	51	50	49	48
	20161112	土	京都	5	90	62	58	57	56	55	54	53	50	49	48

★１位90軸で１万円未満の好配当をゲット…３

1位90・8位52・10位50

※このケースでは必然的に８位52・９位51・10位50となる

▼３連複の基本買い目

１位—３位の２頭軸流し

(ヒモは指数 47 以上)

押さえ：1 位—指数 48、47—ヒモ（ヒモは指数 47 以上)

配当イメージ：5000 円〜１万円

●このパターンの総出現数…16 レース

１位 90 の連対率 75%　複勝率 88%

12	13	14	15	16	17	18	配当
48	47	46	43	42	41	40	9020
48	46	45	42	40			7090
46	42	41	40				7690
48	47	46	45	43	41	40	7370
48	47	46	41	40			6590
48	47	46	41	40			9310
48	46	41	40				8250
48	47	46	41	40			6160
48	47	42	41	40			5020
48	47	46	41	40			8880
48	47	46	41	40			5750
48	47	46	40				7890

CLOSE UP!

★ 2017 年２月 26 日阪神 10 R（４歳上 1600 万下、ダ 1800 m）

最近ではマリーンＳを快勝するなど、ダート中距離路線で圧倒的な強さを見せつける②テイエムジンソクが１位 90（１番人気、単勝 2.0 倍）。ところが、このレースではまだ本格化前だったのか、３着に敗れてしまう。勝利をもぎ獲ったのが３位（４番人気）⑤ナムラアラシ。２着には８位⑮サンタエヴィータ（10 番人気）が入線。３連複は 7890 円（３連単は８万馬券！）。３、４着はクビ差だったので、むしろ１位 90 の、馬券から飛ばないしぶとさを感じさせたレースでもあった。

波乱ナビが出たらヒモ荒れに期待

飯田ハイパーでは、特定の順位と指数が配置されたレースは荒れやすいとされる。波乱ナビと呼ばれるもので、5位60や8位52、10位50、12位46といったものが該当する。これらの指数配列が多く見られるほど波乱傾向が強くなるというものだ。

しかし1位90の場合、1位が飛ぶというよりは、ヒモ荒れで高配当というケースが多い。このハイパーは「8位52・10位50」と2つの波乱サインが点灯したもの。1位指数が70台であれば、大波乱もあったかもしれないが、1位90では別。該当する16レース中14レースで1位が3着以内を死守。

前項までと同様の傾向で、3連複5000円以上となるレースでは2位が弱い。

相手筆頭はやはり3位。ヒモは必然的にコンピ中位から下位にかけての馬が相手となる。中でも注目したいのが指数48、47だ。この2頭が絡むようだと配当はハネる。

1位90・8位52・10位50（3連複配当5000円～1万円、直近12例）

	日付・レース				1	2	3	4	5	6	7	8	9	10	11
	20080323	日	中京	3	90	67	59	58	56	54	53	52	51	50	49
	20081207	日	阪神	11	90	69	59	57	55	54	53	52	51	50	49
	20090118	日	中京	8	90	64	58	56	55	54	53	52	51	50	47
	20090321	土	中京	12	90	60	57	56	55	54	53	52	51	50	49
	20110619	日	中山	8	90	66	64	59	55	54	53	52	51	50	49
	20120527	日	東京	1	90	65	62	58	55	54	53	52	51	50	49
	20130810	土	新潟	8	90	70	62	56	55	54	53	52	51	50	49
	20160213	土	東京	11	90	67	59	58	55	54	53	52	51	50	49
	20161225	日	中山	1	90	68	59	56	55	54	53	52	51	50	49
	20170105	木	中山	5	90	62	61	58	57	56	55	52	51	50	49
	20170122	日	中京	2	90	63	57	56	55	54	53	52	51	50	49
★	20170226	日	阪神	10	90	63	62	60	56	54	53	52	51	50	49

★1位90で1～3万円の中穴配当を撃墜

1位90・4位61、60・8位52～50

▼3連複の基本買い目

1位—指数49～46の流し

（相手は指数46以上）

押さえ：2位—指数49～46—ヒモ（ヒモは指数46以上）

配当イメージ：1～3万円

●このパターンの総出現数…24レース

1位90の連対率63%　複勝率63%

12	13	14	15	16	17	18	配当
46	43	42	41	40			15780
48	47	46	41	40			13070
41	40						20820
47	45	44	42	40			13520
44	42	40					10640
44	42						10200
46	45	44	43	42	41	40	25160
45	44	42	41	40			16210
48	47	41	40				14530
48	47	46	41	40			18910
47	46	41	40				25270
40							14810

CLOSE UP!

★2015年4月26日京都4R（3歳未勝利、芝1600m）

1位90⑤マイアベーア（1番人気、単勝1.9倍）が2馬身差の快勝。2着も2位66（3番人気）⑪セイントバローズ。馬連は当然670円という平凡な配当だったが……3着にくい込んだのが、11位47（15番人気）⑥アグネスエンジェルで、3連系の馬券は波乱となる3連複2万5160円、3連単6万8220円）。アグネスは裏PG馬で本来は買いにくい存在だが、このケースでの穴馬券のポイントはやはり指数49～46馬なのだ。

指数49～46馬が波乱の主役

さすがに3連複万馬券以上のケースに絞ると、1位90の安定度はご覧の通り低下する。

とはいえ、13年以降の直近12レースに限定すると、10レースで3着以内に入っており、1位90なりの〝貫禄〟を見せてはいる。

3連複万馬券といっても、指数45以下の馬が馬券になったのは24レース中1レースしかなく、基本的にはハイパーの基本である「指数46以上の馬」が狙いということになる。

中でも指数49～46の4頭が3連複万馬券の輩出ポイントか。14頭（全24レース中13レース、2頭馬券になったレースが1レースある）馬券になっており、1位の相手にはまずこのゾーンにあてはまる馬を狙いたい。

また、1位が圏外に飛んだ際は2位が軸。1位が飛んだ9レース中7レースで2位が馬券になった。この際の相手ももちろん、指数49～46。

ちなみに、1位は3着がなかったので馬券になる際は馬連、馬単を押さえにする手もあるだろう。

1位90・4位61、60・8位52～50（3連複配当1～3万円、直近12例）

	日付・レース				1	2	3	4	5	6	7	8	9	10	11
	20130525	土	東京	7	90	66	61	60	56	55	54	50	49	48	47
	20130929	日	中山	11	90	63	62	61	58	54	53	52	51	50	49
	20140629	日	東京	9	90	64	61	60	57	53	52	51	50	47	46
	20141206	土	阪神	2	90	65	63	61	58	56	54	52	51	49	48
	20150208	日	京都	4	90	62	61	60	57	54	51	50	48	47	46
	20150419	日	阪神	9	90	64	62	60	54	53	52	51	48	46	45
★	20150426	日	京都	4	90	66	62	61	55	54	53	50	49	48	47
	20151123	月	京都	2	90	65	62	60	54	53	52	51	49	47	46
	20161223	金	阪神	3	90	62	61	60	56	54	53	52	51	50	49
	20170116	月	中京	10	90	67	61	60	55	54	53	52	51	50	49
	20170128	土	中京	9	90	63	61	60	55	54	53	51	50	49	48
	20170225	土	小倉	11	90	64	61	60	55	53	51	50	49	48	41

★１位90で３～５万円のビッグ配当を狙う

1位90・5位58～56・6位53、52

▼３連複の基本買い目

１位―４位の２頭軸流し

（ヒモは 11 位以内）

押さえ：１位―指数 53、52―ヒモ（ヒモは 13 位以内）

配当イメージ：３～５万円

●このパターンの総出現数…９レース

１位 90 の連対率 67%　複勝率 67%

CLOSE UP!

12	13	14	15	16	17	18	配当
43	42	41	40				36380
44	43	42	41	40			32180
43	42	41	40				36820
44	43	42	41	40			46210
46	45	44	43	42	41	40	35130
45	43	42	41	40			39840
47	46	40					47280
45	43	42	41	40			30580
43	42	41	40				42290

★2017 年５月６日東京３Ｒ（３歳未勝利、ダ 1600 ｍ）

基本的には１位 90 からの流しが本筋なのだが、ここでは直近の大波乱レースとして、１位が飛んだ、この東京３Ｒをピックアップ。１位 90（１番人気、単勝 1.3 倍）⑩ハイアーグラウンドはまさかの４着。勝ったのは２位 64（４番人気）⑧トミケンボハテル。以下、９位 49（８番人気）②オリジネイター、5位 57 ⑫ハレカイ（５番人気）の順で入線。馬連２万 450 円、３連複４万 2290 円、３連単 38 万 530 円と恐ろしい配当になった。本文最後でも触れているように、このあたりの配当なら１位 90 切りもありというところか。

指数49～46馬が波乱の主役

1位90が馬券になって、なおかつ3連複が3～5万円未満の配当になると、1位が飛ぶ馬券がほとんどだと思っていたが、意外と1位がしぶとい。9レースと該当例は少ないものの、そのうちの6レースで1位90が馬券になっているのだ。

さすがにヒモは今までと違い、13位（いずれも指数43）が2レースで馬券になったり、11、12位といった下位の順位の馬を拾わないと、このゾーンの配当には辿り着けない。

1位90を軸にする場合には、4位または指数53、52を相手にして、ヒモは手広く流すことをオススメする。

最初から穴ありきで攻めるのであれば、指数49～46の中から軸を選んで、1～3位を相手にした3連複を購入するのもひとつの戦略だ。

どちらにしても3連複で3万円以上が望めるのであれば、点数が多少広がっても問題はないだろう。

なお1位が飛んだ3レースでは、2位または3位のどちらかが馬券になった。基本的には1位を信じつつ、2位または3位を軸にした馬券を購入する手もありそう。

1位90・5位58～56・6位53、52（3連複配当3～5万円）

	日付・レース				1	2	3	4	5	6	7	8	9	10	11
	20051113	日	東京	6	90	66	60	59	57	53	52	50	48	47	46
	20060212	日	東京	5	90	65	63	58	57	53	52	51	49	46	45
	20070311	日	中山	3	90	64	61	59	57	53	52	51	50	46	44
	20080713	日	阪神	9	90	66	59	57	56	53	52	50	49	48	46
	20090322	日	中京	8	90	65	60	59	57	53	52	51	50	49	48
	20120121	土	小倉	1	90	63	62	60	57	53	52	49	48	47	46
	20120428	土	東京	4	90	68	63	57	56	53	52	51	50	49	48
	20140706	日	中京	6	90	63	61	59	58	52	51	50	48	47	46
★	20170506	土	東京	3	90	64	62	61	57	53	51	50	49	47	46

★１位88軸で3000円までの堅実配当をキャッチ…１

1位88・2位74〜70・10位52〜50

▼３連複の基本買い目
１位―２位の２頭軸流し
（ヒモは 10 位以内）
配当イメージ：1000 〜 3000 円

●このパターンの総出現数…９レース

１位 88 の連対率 89%　複勝率 89%

CLOSE UP!

12	13	14	15	16	17	18	配当
43	42	41	40				1390
48	46	43	42	41	40		2080
49	48	47	46	40			1290
43	42	41	40				1450
48	47	46	42	41	40		2240
43	42	41	40				1440
50	49	48	47	46	41	40	2170
48	47	46	41	40			2610
48	47	46	41	40			2140

★ 2017 年６月 24 日東京 11 Ｒ夏至Ｓ（３歳上 1600 万下、ダ 1600 m）

１位 88 は④シュナウザー。500 万下→1000 万下と連勝中であり、しかも前走は２着に５馬身差の圧勝。１番人気、単勝 1.4 倍という評価も妥当かと思われたが、やはり準オープンの壁は厚かった？　得意の逃げに出られず、３着に終わる。１着は６位 54（６番人気）⑥ルールソヴァール、２着２位 73（２番人気）⑩レッドゲルニカ。１、２位の馬券圏内はセオリー通りで３連複は 2140 円も、１、２着の馬連は 6500 円、馬単１万 6770 円と好配当。このケースの１位 88 は、アタマ付けより「複軸向き」ということを示した一戦でもあった。

1、2位から相手5~8点で済む

1位88という指数は、90より勝率などの数字は劣るものの、実際の単勝人気は1位90と変わらず被っていることが少なくない。1位90ほどの信頼感はないものの、基本的には馬券になる確率も高いので複軸向きであるといっていい。

該当するのは9レースと多くないが、8レースで1位と2位が3着以内に入っている。

1位が88と高い値にも関わらず、2位が70台前半ということは、この2頭が抜けた人気になっていることが珍しくないし、2頭とも強力ということを意味している。

実際、1位と2位が同時に馬券になったのは7レースあり、1、2位の2頭を軸にして3連複を購入すると点数が絞れる。ヒモは原則10位以内でいいだろう。さらに絞るのであれば、7位以内ということになる。

5~8点買いで予想されるモデル配当は1000~3000円。8点程度であれば、大儲けとはいかないまでも、均等買いしていても的中すれば確実にプラスとなるのが魅力だろう。

1位88・2位74~70・10位52~50（3連複配当1000~3000円）

	日付・レース				1	2	3	4	5	6	7	8	9	10	11
	20031123	日	東京	4	88	74	57	56	55	54	53	52	51	50	48
	20040822	日	新潟	8	88	71	57	56	55	54	53	52	51	50	49
	20060226	日	中山	12	88	74	61	57	56	55	54	53	52	51	50
	20060701	土	福島	12	88	74	57	56	55	54	53	52	51	50	44
	20060903	日	新潟	1	88	70	66	56	55	54	53	52	51	50	49
	20081129	土	東京	10	88	73	57	56	55	54	53	52	51	50	44
	20150517	日	東京	7	88	74	59	58	57	56	55	54	53	52	51
	20170107	土	京都	5	88	72	63	56	55	54	53	52	51	50	49
★	20170624	土	東京	11	88	73	58	57	55	54	53	52	51	50	49

★１位88軸で3000円までの堅実配当をキャッチ…２

1位88・2位62〜60

▼３連複の基本買い目

１位ー２位の２頭軸流し

（ヒモは７位以内）

押さえ：１位ー３位の流し（ヒモは７位以内）

配当イメージ：1000 〜 3000 円

●このパターンの総出現数…44 レース

１位 88 の連対率 84％　複勝率 100％

12	13	14	15	16	17	18	配当
							1610
43	42	41	40				1710
45	43	41					2340
42	41	40					1250
44	43	42	41	40			2490
45	44	43	42	40			2930
47	45	44	43	42	41	40	1260
44	43	42	41	40			1350
47	46	42	41	40			1460
42	41	40					2180
42	41	40					1520
46	42	41	40				1870

CLOSE UP!

★2015 年４月５日阪神９Ｒ鳴門Ｓ（４歳上 1600 万下、ダ 1400 ｍ）

先頃、プロキオンＳを勝ち重賞初制覇した⑩キングズガードが１位 88（１番人気、単勝 2.1 倍）。しかし複勝率はパーフェクトといっても、１位 88 は左の直近 12 レースでも２着６回となかなか勝ち切れていない。もちろん、そのうち１回がこのレース。勝ったのは７位 55 で３番人気というＰＧ馬③ヒラボクプリンス。３着に４位 59（７位）のＳＰＧ馬⑨アルボナンザ。３連複は 2930 円だったが、３連単は２万160 円の好配当に。馬単も 3010 円つき、このパターンでの１位 88 の２着付けは、一考の余地がありそう。

配当は安くても1位の複勝率は100%!

この指数配列で3連複配当を1000～3000円（未満）に想定すると、過去に44レース出現している。そのすべてで1位88が馬券になっているのだ。

1位と2位の数値差が大きいことを考えると、実際の人気は1位88に被っていることが大半。イメージとしては「1位1強」というレースだ。

2位指数が62～60と低いため、相手は混戦かと思いきや、1番効率のいいのは2位だった。44レース中21レースで馬券になっている。続くのもやはり3位という状況で、こちらは15レースで馬券に絡んでいる。

つまり、1位―2、3位―ヒモのフォーメーションなら、配当はともかく44レース中36レースで的中したことになる。

ヒモも原則は7位以内でいい。8位以下の馬が3着以内に来たのは6レースのみ。しかも、09年以降の該当レースでは、8位以下は1頭も馬券になっていない。ヒモを7位以内の馬に絞ると、先のフォーメーションでも10点以内で済む。

1位88・2位62～60（3連複配当1000～3000円、直近12例）

	日付・レース				1	2	3	4	5	6	7	8	9	10	11
	20110618	土	函館	8	88	62	61	58	57	54	53	50	49	40	
	20120108	日	中山	1	88	62	60	58	57	56	55	50	48	47	46
	20120212	日	小倉	11	88	60	59	58	57	55	53	51	49	48	47
	20121021	日	新潟	7	88	62	61	58	56	55	52	51	50	49	47
	20130310	日	中山	1	88	61	60	59	57	56	55	54	48	47	46
★	20150405	日	阪神	9	88	62	60	59	57	56	55	50	48	47	46
	20151227	日	中山	3	88	62	60	57	56	55	54	53	52	50	48
	20160724	日	中京	8	88	61	60	59	58	55	54	53	49	47	45
	20160925	日	中山	2	88	62	60	58	55	54	53	52	51	49	48
	20161009	日	京都	12	88	62	61	60	59	56	51	50	49	48	46
	20161029	土	新潟	1	88	62	60	59	56	55	53	49	48	47	46
	20161030	日	京都	7	88	61	60	59	58	56	55	50	49	48	47

★１位88軸で3000〜5000円の配当を手にする

1位88（18頭立て）

▼３連複の基本買い目

１位ー３位の２頭軸流し

（ヒモは指数 50 以上）

配当イメージ：3000 〜 5000 円

●このパターンの総出現数…33 レース

１位 88 の連対率 76%　複勝率 88%

12	13	14	15	16	17	18	配当
47	45	44	43	42	41	40	3330
46	45	44	43	42	41	40	3530
47	45	44	43	42	41	40	4660
47	46	44	43	42	41	40	3390
46	45	44	43	42	41	40	4650
46	45	44	43	42	41	40	4230
46	45	44	43	42	41	40	3680
47	45	44	43	42	41	40	3990
46	45	44	43	42	41	40	4960
46	45	44	43	42	41	40	4550
46	45	44	43	42	41	40	3980
47	46	44	43	42	41	40	3990

CLOSE UP!

★ 2016 年 10 月 29 日京都２Ｒ（２歳未勝利、芝 1400 m）

１位 88（１番人気、単勝 2.0 倍）は⑮ブレイヴバローズ。先行して危なげなく快勝。２着は中団から追い込んだ３位 57（３番人気）⑭テイエムイキオイ。３着はさらに後方から追い込んだ７位 52（７番人気）②マジョラム。セオリー通り１、３位が馬券に絡んだが、この３着馬の健闘で３連複は 3990 円とまずまずの配当になった（３連単は１万 2090 円）。

1位がコケても配当はハネない……

1位88の14年以降の総合成績は【350―153―83―189】（勝率45・2%、連対率64・9%、複勝率75・6%）。感覚的にはほぼ馬券になっていると思いがちだが、複勝率を見ると、ほぼ4レースに1レースは4着以下に落ちていることがわかる。

ちなみに1位90の複勝率は82・7%という値なので、指数値は2しか違わないが（1位89はほとんどないので、事実上は1つ違い）、7%弱の差がある。やはり1位90ほど複軸としての信頼度は高くないのだ。

「1位88、フルゲート18頭立て」で3連複の配当が3000円〜5000円（未満）となったレースは33。そのうち1位88は29レースで馬券になったが、4着以下となってしまったレースも4レースあった。この配当ゾーンは基本的にはコンピ上位馬が馬券になっていることだろう。つまり、1位88がダントツの人気で4着以下にコケても、配当はハネなかったのだ。

押さえ馬券にはしなかったが、1位がコケた4レースはすべて2位が馬券になっている。

1位88・18頭立て（3連複配当3000〜5000円、直近12例）

日付・レース				1	2	3	4	5	6	7	8	9	10	11
20140412	土	阪神	4	88	73	60	56	55	54	53	51	50	49	48
20140503	土	京都	4	88	69	65	56	55	53	51	50	49	48	47
20140511	日	京都	3	88	65	62	60	55	54	52	51	50	49	48
20140525	日	京都	4	88	67	64	56	54	53	52	51	50	49	48
20140601	日	東京	6	88	64	62	61	57	55	54	53	49	48	47
20141004	土	阪神	2	88	67	63	55	53	52	51	50	49	48	47
20151003	土	阪神	12	88	66	59	57	56	55	54	51	50	48	47
20151108	日	東京	11	88	63	61	58	57	56	55	54	50	49	48
20160410	日	中山	4	88	69	59	58	57	54	53	51	50	48	47
20160814	日	新潟	8	88	63	61	59	58	56	51	50	49	48	47
20161001	土	阪神	7	88	68	58	57	56	55	53	52	49	48	47
★20161029	土	京都	2	88	74	57	56	54	53	52	51	50	49	48

★１位88軸で１万円未満の好配当をゲット！

1位88・10位52、51

▼３連複の基本買い目

１位―２位の２頭軸流し

（ヒモは７～14位）

１位―指数51の２頭軸流し

（ヒモは２～７位）

配当イメージ：5000円～１万円

●このパターンの総出現数…12レース

１位88の連対率92%　複勝率92%

12	13	14	15	16	17	18	配当
40							7330
49	48	47	46	40			5700
49	48	47	46	40			6480
44	43	42	41	40			9170
49	48	47	46	42	41	40	8950
42	41	40					6550
49	47	42	41	40			6210
49	48	47	46	40			8430
49	48	47	46	40			8530
49	48	47	46	40			9660
50	49	48	47	42	41	40	6960
49	48	47	46	40			9740

CLOSE UP!

★2017年４月９日福島２Ｒ（３歳未勝利、芝1200ｍ）

このパターンでは、１位88の相手としては、本文通り、まず２位を選びたい。直近のこのレースでは、２位69（２番人気、単勝2.9倍）⑦ティーティクイーンが１着。そして２着に１位88（１番人気、単勝2.8倍）⑯ユキエファルコン。３着には14位47（12番人気）⑧クリスプウインドが激走。そのおかげで３連複は9740円、３連単は３万8600円という好配当となった。それにしても、単勝オッズを見る限りでは、指数差以上に１、２位が拮抗していたようだ。

1、2位軸でヒモは7～14位なら効率的

03年以降、1位88・10位52、51となったレースは45レースあった。そのうちの12レースで3連複の配当が5000円～1万円（未満）の間に収まっていた。その12レースで1位88は11頭が馬券になっている。

つまり、1位88、10位52、51を発見したら、積極的に3連複5000円～1万円（未満）の配当を狙いたいところだ。しかも、基本は1位が軸でいい。

相手は迷うところだが、そのうち2位が5レースで馬券になっている。1位が88で人気が被っていることも予想されるため、1、2位の3連複2頭軸流しでは配当に恵まれないケースが多い。その際のヒモは、7～14位がオススメ。仮に1、2位の2頭が来て、ヒモの1頭が5位以内だと、3連複の配当が5000円を超えることはまずないからだ。

1、2位以外の組み合わせでは指数51の馬がカギを握る。点数が少し広がったとしても、5000円以上の配当が得られるのであれば、儲けるチャンスはあるはず。また、指数46以下の馬は馬券になっておらず軽視したい。

1位88・10位52、51（3連複配当5000～1万円）

	日付・レース				1	2	3	4	5	6	7	8	9	10	11
	20061111	土	東京	5	88	65	60	57	56	55	54	53	52	51	50
	20080315	土	中山	9	88	65	59	57	56	55	54	53	52	51	50
	20081206	土	中山	9	88	71	60	59	56	55	54	53	52	51	50
	20090222	日	東京	3	88	62	61	58	57	55	54	53	52	51	47
	20090816	日	新潟	11	88	63	61	57	56	55	54	53	52	51	50
	20101114	日	福島	6	88	68	59	58	56	55	54	53	52	51	50
	20130317	日	中山	10	88	65	64	57	56	55	54	53	52	51	50
	20150920	日	中山	2	88	69	58	57	56	55	54	53	52	51	50
	20160605	日	東京	1	88	62	61	58	57	55	54	53	52	51	50
	20170205	日	京都	12	88	72	58	57	56	55	54	53	52	51	50
	20170225	土	小倉	12	88	63	59	58	57	56	55	54	53	52	51
★	20170409	日	福島	2	88	69	59	58	56	55	54	53	52	51	50

★１位88で１位切りの万馬券を狙う

1位88・10位52、51

※指数配列は前項と同じだが、狙う配当がアップしている

▼３連複の基本買い目

６位―指数51、50―ヒモ

(ヒモは７～13位)

２～６位ボックス

配当イメージ：１万円以上

●このパターンの総出現数…12レース

１位88の連対率17%　複勝率17%

12	13	14	15	16	17	18	配当
49	48	47	46	45	43	40	78990
49	48	47	46	40			77620
49	48	46	41	40			15340
50	49	48	47	46	41	40	92550
49	48	47	41	40			111390
49	48	47	46	42	41	40	55960
47	43	42	41	40			102480
50	49	48	47	46			66750
49	48	47	46	43	42	40	68680
49	48	47	41	40			53200
48	47	44	43	42	41	40	12230
49	48	47	46	42	41	40	11530

CLOSE UP!

★2014年11月８日京都７R（３歳上500万下、芝2000ｍ）

穴党なら、バットを長めに持って思い切って振り回したい、そんなお宝パターンだ。このレースでは、１着８位53（７番人気）④パドルウィール、２着に10位51（６番人気）のＰＧ馬⑩マテンロウボス、３着に６位55（10番人気）の裏ＰＧ馬⑤ゲットアテープの順で入線。３連複は６万8680円、３連単は36万3080円というビッグ配当に。それにしても、かろうじて３着にくい込んだ６位ゲットアテープは、鞍上ルメール騎手でよくここまで人気が落ちたものだ。ちなみに１位88（１番人気、単勝2.3倍）⑥イサベルは８着。

1位88がめっぽう弱いときの狙い方

前項で03年以降に1位88・10位52、51となったレースは45あったと書いたが、そのうちの12レースが3連複1万円以上の配当だった。つまり、この配列では45レース中24レースで3連複が5000円以上となった計算だ。

さすがに3連複で1万円超となる配当では、1位が極端に馬券圏外に飛ぶ。1位88が馬券になったのは、たったの2レース。1位88の複勝率は約75%という値だというのは先述した通りだが、1位88が飛ぶパターンのサインとして、10位52、51が浮上する。

3連複万馬券以上といっても、1万円台のものから、10万円超のものまで幅広い。10万円超ともなれば、1～3位が揃って消えることもしばしば。ここでは一応、6位を軸とし指数で51、50を相手にした3連複と、2～6位のボックス馬券をオススメする。

前者であれば、3連複5～7万円が視野に入ってくることだろう。後者であれば1万円台の3連複がターゲットとなるはず。1位が危険なときほど狙い方は難しい。

1位88・10位52、51（3連複配当1万円以上）

	日付・レース				1	2	3	4	5	6	7	8	9	10	11
	20080719	土	小倉	4	88	71	59	57	56	55	54	53	52	51	50
	20081129	土	東京	2	88	67	60	58	57	55	54	53	52	51	50
	20081129	土	東京	8	88	64	58	57	56	55	54	53	52	51	50
	20120826	日	新潟	11	88	62	61	60	58	56	55	54	53	52	51
	20121110	土	福島	7	88	60	59	57	56	55	54	53	52	51	50
	20131006	日	東京	8	88	71	60	57	56	55	54	53	52	51	50
	20140308	土	中山	11	88	67	58	57	56	55	54	53	52	51	50
	20140614	土	東京	6	88	63	59	58	57	56	55	54	53	52	51
★	20141108	土	京都	7	88	73	60	57	56	55	54	53	52	51	50
	20141214	日	中山	3	88	67	58	57	56	55	54	53	52	51	50
	20150906	日	新潟	7	88	63	61	57	56	55	54	53	52	51	49
	20161010	月	東京	5	88	62	60	57	56	55	54	53	52	51	50

★１位86軸で１～３万馬券に照準を合わせる

1位86・8位52・10位50（16頭立て）

※必然的に８位52・９位51・10位50になる

▼３連複の基本買い目
１位ー7、8、11位ーヒモ
（ヒモは指数 46 以上）
配当イメージ：１～３万円

●このパターンの総出現数…25 レース

１位 86 の連対率 72%　複勝率 76%

12	13	14	15	16	配当
48	47	46	41	40	11920
48	47	46	41	40	19610
48	47	46	41	40	29450
48	47	46	41	40	18930
48	47	46	41	40	12800
48	47	46	41	40	17980
48	47	46	41	40	11970
48	47	46	41	40	18550
48	47	46	41	40	26410
48	46	42	41	40	12760
48	47	42	41	40	18750
48	47	46	41	40	17120

CLOSE UP!

★2017 年３月 19 日阪神６R（３歳 500 万下、ダ 1800 m）

本文でも触れているように、穴のキーポイントとなっているのは、中位指数の 52 ～ 50 といったところ。このレース、1 位 86（1 番人気、単勝 1.9 倍）の⑮タガノディグオが快勝したが、２着８位 52（11 番人気）の裏ＰＧ馬⑭クリノライメイ、3 着 10 位 50（5 番人気）のＳＰＧ馬⑥ホーリーブレイズで決着した。２位など上位が吹っ飛び、３連複は１万 8570 円、３連単７万 410 円と高配当になった。

1位86に中位の7、8、11位を絡めて

1位86・8位52・10位50・16頭立てという並びを満たすのは、03年以降189レースあった。そのうちの25レースで3連複が1～3万円（未満）の配当になった。

1位86ともなると90や88ほどの信頼度はなくなるものの、それでも人気になっているケースが見られる。しかし、下の表のように1位が馬券になっても3連複で万馬券となるケースは少なくない。

万馬券のカギを握るのが7、8、11位の3頭。1位86を1軸目に、7、8、11位を2軸目にした3連複フォーメーション馬券が有効だ。25レース中7レースで的中する（直近例では目立たないが、それ以前の該当レースで健闘している）。基本的にヒモは指数46以上でOK。

また、1位が馬券になる際は1、2着が大半なので、応用技としては、1位を1、2着に配した3連単も考えられる。

1位86・8位52・10位50・16頭立て（3連複配当1～3万円、直近12例）

日付・レース				1	2	3	4	5	6	7	8	9	10	11
20081130	日	東京	4	86	66	64	63	55	54	53	52	51	50	49
20090207	土	東京	4	86	75	58	56	55	54	53	52	51	50	49
20090704	土	福島	12	86	68	66	59	55	54	53	52	51	50	49
20091121	土	東京	1	86	73	65	56	55	54	53	52	51	50	49
20100105	火	中山	10	86	76	58	56	55	54	53	52	51	50	49
20120311	日	中山	3	86	75	62	56	55	54	53	52	51	50	49
20120422	日	東京	1	86	70	68	56	55	54	53	52	51	50	49
20131102	土	福島	5	86	64	61	58	56	54	53	52	51	50	49
20141213	土	中山	1	86	74	58	56	55	54	53	52	51	50	49
20151212	土	中山	8	86	69	59	58	57	55	53	52	51	50	49
★20170319	日	阪神	6	86	70	63	56	55	54	53	52	51	50	49
20170610	土	阪神	4	86	68	64	56	55	54	53	52	51	50	49

1位86

(13頭立て)

▼３連複の基本買い目

１位―指数41、40―ヒモ

(ヒモは総流し推奨)

３位―指数41、40―ヒモ

(ヒモは総流し推奨)

配当イメージ：３～５万円

●このパターンの総出現数…14 レース

1 位 86 の連対率 21%　複勝率 43%

11	12	13	配当
42	41	40	32180
47	46	40	43840
47	41	40	32350
42	41	40	34510
46	41	40	30080
42	41	40	47480
42	41	40	45200
46	42	40	31260
42	41	40	45180
47	41	40	41260
42	41	40	49110
46	41	40	49290

CLOSE UP!

★2015 年 1 月 24 日中京８Ｒ（４歳上 500 万下、ダ 1400 m）

13 頭立てということもあってか、本文で触れているように底辺指数の 12 位 41、13 位 40 馬が絡んで大穴となるケースが多い。このレース、１位 86（１番人気、単勝 2.0 倍）⑥ラヴァズアゲインはかろうじて３着に留まったものの、１、２着が大波乱。９位 47（７番人気、単勝 27.2 倍）⑬キクタロウ→13 位 40（13 番人気）②ウインヤード→１位ラヴァズと決まって、３連複４万 9110 円、３連単 53 万 5890 円とビッグ配当になっている。

底辺指数41、40で夢をつかもう！

「1位86、13頭立て」というレースは、03年以降に291レース出現している。そのうちの14レースで3連複が3～5万円（未満）の配当を記録した。出現数自体は多くないものの、狙いが絞りやすいのが特徴的といえる。

推奨パターンは2つある。ひとつは1位を軸とし、指数41と40の2頭を相手、ヒモは手広く（できれば総流し）というものだ。13頭立てのレースであれば、21点（ダブった目を除く）で済む。出現する確率自体は高くないので、宝くじ感覚で的中するのを待つというイメージだ。

もうひとつは3位―指数41、40―ヒモというもの（点数は前者と同じ）。

13頭立てのこの配当ゾーンというのは、大波乱レースだといっていい。頭数が少なくかつ1、3位が絡む場合、極端に人気のない馬が3着以内に1頭は入らないと、このゾーンまで配当がハネない。普段は買いづらい指数の馬だが、あえて購入することができる指数配列もあるということは覚えておきたい。

1位86・13頭立て（3連複配当3～5万円、直近12例）

日付・レース				1	2	3	4	5	6	7	8	9	10
20030920	土	札幌	3	86	63	60	58	57	53	51	50	49	48
20050416	土	福島	12	86	73	62	55	54	53	51	50	49	48
20060702	日	函館	11	86	69	67	54	53	52	51	50	49	48
20090105	月	中山	4	86	67	65	58	55	54	53	48	47	46
20091220	日	中山	9	86	66	62	61	55	54	53	52	48	47
20100314	日	中山	8	86	72	63	56	55	54	52	51	50	43
20100731	土	函館	2	86	65	60	59	58	56	53	52	47	46
20101212	日	小倉	4	86	68	66	56	53	52	51	50	48	47
20121216	日	阪神	11	86	69	64	56	55	54	52	51	46	45
20140406	日	中山	9	86	70	60	59	56	53	52	51	50	48
★20150124	土	中京	8	86	64	63	62	58	51	50	48	47	46
20150705	日	福島	4	86	61	60	59	57	56	55	53	49	47

★１位84軸で１万円未満の馬券をサルベージ

1位84・2位65〜61・6位58、57

▼３連複の基本買い目
１位―２位の２頭軸流し
（ヒモは指数 55 以下）
指数57―１、２位―ヒモ
（ヒモは 11 位以内）
配当イメージ：5000 円〜１万円

●このパターンの総出現数…10 レース

１位 84 の連対率 50%　複勝率 80%

12	13	14	15	16	17	18	配当
44	43	42	41	40			7620
46	45	44	43	42	41	40	5020
47	46	41	40				9680
46	41	40					5370
42	40						8620
44	43	42	41	40			8880
44	43	42	41	40			7070
46	43	42	41	40			9560
44	43	42	41	40			6890
46	42	41	40				7240

CLOSE UP!

★ 2017 年５月７日新潟 12 Ｒ中ノ岳特別（４歳上 1000 万下、ダ 1800 m）

１、２位も馬券圏内という意味では安定しているが、ポイントゲッターはやはり指数57。１着４回と、これはどちらかというと３連単や馬単で活かしたいデータだ。このレースも６位57（４番人気、単勝9.3倍）⑤イーストオブザサンが１着。２着５位58（９番人気）の裏ＰＧ馬⑪アルセナーレ。３着１位84（１番人気）⑫リアリスト。３連複は7240円だったが、馬単１万8190円、３連単６万980円と万馬券に。

指数が落ちてきても1位は堅実に走る

1位84、2位65～61、6位58、57で検索すると63レースが該当する。2位の指数は低いものの、3～6位の値が高いという状況だ。1位90や88ほど高い値ではないが、2位との指数差がある状況では、意外と堅実に1位が走っている。

この条件で配当イメージのレースは10レース。その10レース中8レースで1位がしっかりと馬券になっている。ちなみに、1位が4着以下になった2レースでは2位が必ず馬券になっており、どちらにせよ、軸は1位か2位の上位ということになるだろう。

1、2位の2頭軸であれば指数55以下の馬に流そう。点数を絞るのであれば12位以下はカット。究極的に絞るのであれば、9位以下をカットする手も。これなら3点前後に収まるはずだ（あまり絞りすぎるのは、的中率を維持するためには推奨しないが）。

また指数57馬を軸にして、1、2位に流す3連複馬券もありだろう。その際は極端な低順位の馬を狙わず、下表のように11位以内の馬が3着以内に入ることを考えたい。

1位84・2位65～61・6位58、57（3連複配当5000～1万円）

	日付・レース				1	2	3	4	5	6	7	8	9	10	11
	20040404	日	中山	6	84	63	62	61	60	57	54	50	49	47	46
	20050821	日	小倉	8	84	63	62	60	59	57	51	50	49	48	47
	20070108	月	中山	9	84	62	61	59	58	57	52	51	50	49	48
	20080809	土	新潟	5	84	61	60	59	58	57	56	54	51	48	47
	20120617	日	函館	10	84	63	60	59	58	57	54	50	47	46	45
	20141206	土	中山	1	84	64	62	61	59	58	51	50	47	46	45
	20150104	日	中山	1	84	63	62	61	60	58	54	52	50	49	45
	20150117	土	中京	7	84	62	60	59	58	57	55	53	51	50	49
	20160227	土	阪神	1	84	63	62	60	58	57	54	52	51	48	46
★	20170507	日	新潟	12	84	65	60	59	58	57	51	50	49	48	47

★１位83で１万円未満馬券を攻略しよう

1位83・2位65〜61・6位57、56

▼３連複の基本買い目
１位―２位の２頭軸流し
（ヒモは７〜12位）
２位―指数54〜52―ヒモ
（ヒモは９位以内）
配当イメージ：5000円〜１万円

●このパターンの総出現数…12レース

１位83の連対率42%　複勝率58%

CLOSE UP!

12	13	14	15	16	17	18	配当
46	43	42	41	40			6850
49	48	47	46				7440
43	42	41	40				7760
46	40						5170
48	47	46	43	42	41	40	8330
45	43	42	41	40			6550
46	43	42	41	40			5250
47	46	41	40				6770
50	49	48	46	42	41	40	7120
48	47	46	42	40			8400
46	43	42	40				8890
43	42	41	40				6580

★2017年４月23日福島３Ｒ（４歳上1000万下、ダ1800ｍ）

本文で触れているように、２位の連対率がかなり高い。相手には指数54〜52を推奨しているが、近２走は指数57も浮上。最も直近のこのレースでは、５位57（５番人気）⑬リョウランヒーロー、２位65（３番人気）③シンゼンキング、４位59（２番人気）⑥サンライズチャージの順で入線。馬連4090円、３連複6580円、３連単４万6100円。１位83（１番人気、単勝1.9倍）⑪ファージンゲールは10着大敗。

１位83は３着や圏外に落ちることも多く、２位軸の馬連（ヒモは４〜８位）は押さえておいてもいいかもしれない。

2位が主役になるときが来た！

この指数配列に該当するのは67レースあった。そのうち配当イメージを満たすのは12レース。そのうち9レースで2位が3着以内に入っているのがわかる。基本的には2位を軸にして馬券を構築するのがベターだ。相手には1位を取り上げる。1、2位軸の3連複では、7〜12位への6点買いが一応の買い目。過去の出現パターンでは4レースで的中している。

1位が飛ぶケースも目立つので、2位を1軸目、2軸目に指数54〜52をマークしたフォーメーションもありだろう。レースによっては20点前後の組み合わせになる（3連複1頭―3頭―7頭で15点、1頭―3頭―8頭で18点）。この程度の点数で5000円〜1万円の配当なら悪くないはずだ。

また、12位の入線が一度あるものの、基本的には9位以内の3頭で決着するケースが目立つ。ヒモは比較的絞りやすいはずだ。

なぜか3位が大苦戦。3着以内には一度しか入っておらず無視していいだろう。

1位83・2位65〜61・6位57、56（3連複配当5000〜1万円）

	日付・レース				1	2	3	4	5	6	7	8	9	10	11
	20060312	日	中京	11	83	63	61	60	59	56	51	50	49	48	47
	20070318	日	中山	12	83	62	60	59	58	57	56	53	52	51	50
	20070902	日	新潟	12	83	62	61	58	57	56	55	54	53	51	46
	20071008	月	京都	10	83	62	60	59	58	56	54	53	50	48	47
	20081214	日	中京	12	83	64	61	59	58	57	55	52	51	50	49
	20110326	土	小倉	4	83	65	61	59	57	56	50	49	48	47	46
	20110604	土	東京	6	83	65	64	59	58	57	52	51	50	48	47
	20130428	日	東京	11	83	63	61	59	58	57	56	51	50	49	48
	20131006	日	新潟	5	83	65	59	58	57	56	55	54	53	52	51
	20160813	土	札幌	8	83	61	60	59	58	57	56	52	51	50	49
	20160925	日	阪神	9	83	62	61	60	59	57	56	50	49	48	47
★	20170423	日	福島	3	83	65	64	59	57	56	52	51	50	45	44

★１位82で１～５万馬券にチャレンジ！

1位82・2位65～61・10位50

▼３連複の基本買い目
指数 50―２～４位―ヒモ
（ヒモは２～12 位）
押さえ：８位―３～５位―ヒモ（ヒモは 12 位以内）
配当イメージ：１～５万円

●このパターンの総出現数…16 レース

1 位 82 の連対率 13%　複勝率 19%

12	13	14	15	16	17	18	配当
46	43	42	41	40			47140
47	43	42	41	40			12080
48	47	46	42	41	40		24030
48	46	44	43	42	41	40	32570
47	46	41	40				38800
48	47	46	41	40			18530
48	47	46	40				38230
48	47	46					49980
47	46	44	43	42	41	40	16460
48	47	46	41	40			40870
48	47	46	43	42	41	40	24800
48	47	46	41	40			30310

CLOSE UP!

★ 2016 年 12 月 25 日阪神５Ｒ（２歳新馬、芝 1600 m）

１位 82 が最も弱いパターンといっていいかもしれない。直近 12 レースでは、２着が１回のみで、あとはすべて圏外。近走では８位、そして 10 位の活躍が目立つ。このレースでも、１位 82（１番人気、単勝 1.6 倍）⑱ファヴォーラは８着。８位 52（５番人気）の裏ＰＧ馬⑥ディヴァインハイツ、５位 56（２番人気）のＰＧ馬⑤ハリーレガシー、10 位 50（７番人気）のＰＧ馬⑩エイシンルークの順で入線。３連複２万 4800 円、３連単 19 万 2970 円と超配当に。

1位が壊滅的、ならば軸は……？

14年1月～17年6月の3年半で1位82の複勝率は69・5％とまずまずの高い値を示しているが、17年に入り複勝率が65％と大幅に低下している。つまり、1位82が飛ぶケースが増えているのだ。

この配列と配当イメージのゾーンに該当したのは16レース。さすがに3連複万馬券となるレースでは1位が壊滅的状況にある。先述の通り、「10位50」は波乱ナビのひとつであり、それを実証した格好だ。

ただ、波乱になるのがわかっていても軸決めが難解といっていい。

ひとつは10位50を軸にした3連複フォーメーション。相手を2～4位にして手広く流す。下位の馬が激走すれば3、4万円の配当も視野に入ってくる。

もうひとつのパターンは直近で出現が目立つ8位を軸とするもの。8位の総出現率は高くないものの、直近では頻発している。この際、相手は3～5位がベター。ヒモはなるべく手広くすると、より高い配当が狙えるだろう。

1位82・2位65～61・10位50（3連複配当1～5万円、直近12例）

	日付・レース				1	2	3	4	5	6	7	8	9	10	11
	20100109	土	中山	1	82	65	61	59	57	56	53	52	51	50	47
	20110529	日	新潟	4	82	63	62	61	58	54	53	52	51	50	49
	20111113	日	新潟	10	82	64	60	59	57	55	53	52	51	50	49
	20111211	日	小倉	12	82	62	60	59	58	55	53	52	51	50	49
	20121124	土	東京	11	82	65	63	61	55	54	53	52	51	50	48
	20130414	日	福島	10	82	64	59	58	57	55	54	53	51	50	49
	20140914	日	新潟	10	82	65	63	61	57	56	53	52	51	50	49
	20150607	日	東京	5	82	63	60	59	55	54	53	52	51	50	49
	20150816	日	新潟	12	82	65	61	60	56	55	53	52	51	50	48
	20151107	土	東京	7	82	64	60	58	57	56	55	53	51	50	49
★	20161225	日	阪神	5	82	64	62	57	56	54	53	52	51	50	49
	20170408	土	福島	8	82	62	61	58	56	54	53	52	51	50	49

★１位80で１～５万円の高配当を捕獲…１

1位80・2位62、61

▼３連複の基本買い目

２位―４、５位―ヒモ

（ヒモは指数46以上）

３位―２、７位―ヒモ

（ヒモは指数46以上）

配当イメージ：１～５万円

●このパターンの総出現数…18 レース

１位 80 の連対率 11%　複勝率 11%

11	12	13	14	15	16	配当
47	46	41	40			18070
46	45	44	41	40		26900
49	48	47	46	45	40	44640
46	44	43	42	41	40	18600
50	48	46	42	41	40	24890
49	48	46	42	41	40	11190
45	44	43	42	41	40	20580
47	46	43	42	41	40	39190
48	47	46	42	41	40	17860
44	41	40				20490
47	46	43	42	41	40	13040
48	47	46	42	41	40	21410

CLOSE UP!

★2016 年 12 月 24 日阪神２Ｒ（２歳未勝利、ダ 1800 ｍ）

こちらも１位が極端にダメなパターンだ。左の直近例では12レース中、２着が１回あるのみ。代わって２、３、４、７位の馬券圏内が目立つ。このレースでも、１着４位60（４番人気）⑨マイブルーヘブン、２着３位61（２番人気）⑩バングライオン、３着７位55（７番人気）⑤カフジグローリーという決着。３連複２万1140円、３連単11万4980円。穴党なら１位切りはもちろん、７位軸から入る手もあるだろう。さらに馬連なら２、３、４、７位のボックス買いも手だ。

複勝率が急降下する１位80

１位80ともなると、一般的な１番人気馬の複勝率よりも低くなる。

１位80台といっても指数80と81では複勝率で４％弱は違う。14年１月～17年６月における１位81の複勝率は65・４％、これが１位80となると複勝率は61・４％まで低下する。同期間における１番人気馬の複勝率が66・３％なので、１位80を境に信頼度が低下すると覚えておきたい。

この指数配列のものは33レースあったが、そのうちの18レースが３連複１～５万円に集中している。つまり、１位80で２位が62、61なら50％以上の確率で３連複万馬券決着が望めるということだ。

３連複万馬券となるようなレースは軸選びが難解なところもあるが、まずは２位を軸に、相手を４、５位としたフォーメーションをオススメする。その際、ヒモは指数46以上としておくといいだろう。

もうひとつは３位を軸に２、７位を相手にするパターン。点数は少し広がるかもしれないが、20～40点で万馬券が望めるはずだ。

１位80・２位62、61（３連複配当１～５万円、直近12例）

	日付・レース				1	2	3	4	5	6	7	8	9	10
	20101003	日	札幌	8	80	62	61	60	59	58	55	54	49	48
	20110321	月	阪神	3	80	61	60	59	58	55	54	49	48	47
	20120818	土	札幌	11	80	62	60	57	55	54	53	52	51	50
	20121006	土	京都	10	80	62	61	53	52	51	50	49	48	47
	20130414	日	福島	8	80	62	59	58	57	56	54	53	52	51
	20131214	土	中京	7	80	62	60	59	57	55	53	52	51	50
	20140322	土	中京	8	80	62	61	60	59	58	57	54	48	47
	20150419	日	福島	12	80	62	61	60	59	58	57	52	50	48
	20151213	日	中山	12	80	62	61	60	59	58	53	51	50	49
	20160220	土	小倉	6	80	61	60	59	57	56	55	54	52	51
	20160703	日	福島	11	80	62	60	58	57	56	55	54	53	50
★	20161224	土	阪神	2	80	62	61	60	59	57	55	51	50	49

★1位80で1～5万円の高配当を捕獲…2

1位80・5位59
10位48（16頭立て）

▼3連複の基本買い目
4位―5位の2頭軸流し
（ヒモは6位以下）
2位―4位の2頭軸流し
（ヒモは7位以下）
配当イメージ：1～5万円

●このパターンの総出現数…9レース

1位80の連対率0%

複勝率22%

11	12	13	14	15	16	配当
47	46	43	42	41	40	13970
47	45	44	42	41	40	30460
47	46	43	42	41	40	10210
47	46	44	43	41	40	13820
47	46	43	42	41	40	40440
47	44	43	42	41	40	10170
47	46	43	42	41	40	39190
47	46	43	42	41	40	11560
47	45	44	42	41	40	18810

CLOSE UP!

★2015年7月25日福島7R（3歳未勝利、ダ1150m）

これまた1位が弱いパターン。際立って3着以内が集中している順位はないが、本文でも指摘した4位軸ということになるだろう。このレースでも、1位80（1番人気、単勝2.8倍）④ヒカリピオニーは5着に敗れ、4位60（5番人気）⑪グリーングリーンが1着。2着はセオリー通りの5位59（3番人気）⑭ナミノリゴリラ、3着7位57（7番人気）⑥タケショウビクターと続く。3連複1万1560円、3連単5万8100円と好配当になった。

４位軸で高配当を狙っていこう！

「1位80・5位59・10位48・16頭立て」を満たすのは、03年以降18レースあった。そのうちの9レースで3連複が配当イメージのゾーンに収まっている。つまり、3連複万馬券の確率が50％ということ。対象レースはそれほど多くないものの、積極的に万馬券が狙える条件だ。

ポイントとなるのは4位といっていい。9レース中5レースで出現している。そのうち、5位との2頭軸で3連複万馬券が獲れたのが3レース、2位との2頭軸であれば2レースが獲得できた計算だ。

3連複で万馬券を狙うのであれば、4、5位の2頭軸流しであれば6位以下の馬へ流すのが基本となり、2、4位の2頭軸であれば7位以下ということになる。万馬券がターゲットなので、どちらの組み合わせを購入する場合でも、5位以内の馬に流す必要はないだろう。

また、ヒモは指数46以下の馬も2レースで馬券になっているので、下位の馬は40を含めて押さえておくことをオススメする。1、2点削って外れるとダメージも大きいからだ。

1位80・5位59・10位48・16頭立て（3連複配当1～5万円）

	日付・レース				1	2	3	4	5	6	7	8	9	10
	20080105	土	中山	8	80	64	63	61	59	57	54	50	49	48
	20090516	土	京都	7	80	65	63	61	59	55	53	51	50	48
	20091220	日	中山	10	80	72	61	60	59	52	51	50	49	48
	20110716	土	京都	8	80	63	62	61	59	55	51	50	49	48
	20130113	日	中山	8	80	70	65	60	59	52	51	50	49	48
	20150201	日	東京	8	80	63	61	60	59	57	55	51	50	48
	20150419	日	福島	12	80	62	61	60	59	58	57	52	50	48
★	20150725	土	福島	7	80	66	61	60	59	58	57	50	49	48
	20151205	土	中京	7	80	66	63	60	59	53	52	51	49	48

★１位79で１万円未満の配当を攻略…１

1位79・2位75
3位69〜67

▼３連複の基本買い目

1〜3位ー1〜3位ーヒモ

（ヒモは４〜11位）

配当イメージ：3000円〜１万円

●このパターンの総出現数…13レース

１位79の連対率46％　複勝率62％

12	13	14	15	16	17	18	配当
40							8300
47	46	44	43	42	41	40	5220
43	40						5490
42	41	40					4070
44	43	42	41	40			5600
45	43	42	41	40			3030
44	43	42	41	40			9320
41	40						4100
							5820
47	46	41	40				3870
							3100
45	44	42	41	40			5790

CLOSE UP!

★2016年２月13日京都５R（３歳未勝利、芝1800ｍ）

１位は70台だが、ご覧のように馬券圏内という点では安定している。相手筆頭は２位、次いで３位。いわば上位３強がセオリー馬券となるが、配当5000円未満を狙うなら４〜６位、5000円超なら９〜11位がポイント。このレースでは、１着２位75（２番人気）①スワーヴアーサー、２着１位79（１番人気）⑮ロードプレミアム、３着９位48（８番人気）⑦ショウナンアストルという入線で、３連複5790円（３連単２万2750円）となった。

1～3位の三つ巴3連複フォーメーション

　このハイパーの意味するところは、指数上位馬が接戦ということ。1位79で2位も75、3位が60台後半というケースは、必ずしも1位79が1番人気になっていないことも往々にしてある。

　この指数配列をを満たすのは38レースあった。そのうち配当イメージに合致するのは13レース。その中で11レースが「1、2位」「1、3位」「2、3位」の組み合わせで馬券になっている。

　右に挙げた基本買い目だと、点数は最大で24点となる（1～3位はヒモにはマークしない）。24点で3000～1万円程度の配当が狙えるのであれば悪くはないだろう。

　1位79ともなると、複勝率ベースで60％を割ってしまうレースも少なくないが、それでも指数配列によっては馬券になる例も少なくない。むしろ、1番人気にならないケースでは、馬券的妙味が増している場合もある。

1位79・2位75・3位69～67（3連複配当3000円～1万円、直近12例）

日付・レース				1	2	3	4	5	6	7	8	9	10	11
20060513	土	東京	12	79	75	69	55	54	53	52	50	49	48	47
20070506	日	京都	5	79	75	67	55	54	53	52	51	50	49	48
20070708	日	阪神	8	79	75	68	56	53	52	51	50	49	48	47
20100717	土	小倉	5	79	75	68	57	52	51	49	48	47	45	43
20111218	日	中山	8	79	75	67	57	54	53	52	51	50	48	46
20120211	土	小倉	10	79	75	69	56	53	51	50	49	48	47	46
20120304	日	中山	5	79	75	67	58	54	53	52	51	50	49	46
20121111	日	京都	2	79	75	69	56	54	53	51	49	48	47	46
20130223	土	小倉	10	79	75	67	58	52	51	50	49	48	40	
20131026	土	新潟	9	79	75	67	55	54	53	52	51	50	49	48
20140309	日	阪神	9	79	75	67	57	53	52	50	49	48	46	40
★20160213	土	京都	5	79	75	69	56	52	51	50	49	48	47	46

★１位79で１万円未満の配当を攻略…２

1位79・8位53
9位52・10位51

▼３連複の基本買い目
２位―６位の２頭軸流し
（ヒモは９位以内）
押さえ：１位―２位の２頭軸流し（ヒモは６～10位）
配当イメージ：3000円～１万円

●このパターンの総出現数…11レース

１位79の連対率36%　複勝率55%

12	13	14	15	16	17	18	配当
49	48	47	46	40			9410
49	48	47	46	40			8800
44	43	42	41	40			8830
48	47	46	40				5140
49	48	47	46	42	41	40	4280
47	46	44	43	42	41	40	8700
49	48	47	46	40			4650
43	42	41	40				4580
44	43	42	41	40			9370
49	48	47	46	41	40		4530
49	48	47	46	40			5370

CLOSE UP!

★2015年１月31日東京１R（３歳未勝利、ダ1400m）

１位79はアタマか３着か圏外と両極端。やはり３連複の軸としては、２位のほうが向いている。このレースは、１着１位79（４番人気）の裏ＰＧ馬⑤リベルタンゴ、２着６位55（２番人気）のＰＧ馬⑥スールキートス、３着２位64（３番人気）①リンガスヴィグラスという結果。リアルオッズでは２～４番人気３頭で決まったが、３連複5070円（３連単２万9410円）とまずまずの配当になっている。

コンピ・バイアスは2位

この指数配列に該当するのは41レース。そのうち配当イメージに合致したのは11レースだった。

割合は高くないものの、この配当ゾーンに収まった場合は、偏りも強く見られる。11レース中8レースで2位が3着以内をキープ。1位も6レースで3着以内に入っており馬券は組み立てやすいだろう。しかも、10位以下の馬で馬券になったのは1回のみ。

つまり、2位を軸にして9位以内の馬を拾うのが、的中への近道ということだ。

そこで2、6位を軸にした2頭軸流しがオススメ。相手の順位次第のところもあるが、8000円や9000円台の3連複が望める。

押さえとして挙げておきたいのが1、2位の2頭軸流し。その際のヒモは6〜10位の5点に絞るといい。過去には12位49の出現もあったので、万全を期すなら6〜12位をヒモに押さえよう。

1位79・8位53・9位52・10位51（3連複配当3000円〜1万円）

	日付・レース				1	2	3	4	5	6	7	8	9	10	11
	20070512	土	新潟	11	79	63	62	61	60	57	54	53	52	51	50
	20091128	土	東京	8	79	70	63	61	56	55	54	53	52	51	50
	20100313	土	中山	2	79	70	62	57	56	55	54	53	52	51	46
	20100424	土	福島	6	79	63	62	59	56	55	54	53	52	51	49
	20100501	土	東京	6	79	68	61	58	56	55	54	53	52	51	50
	20100725	日	新潟	2	79	67	66	63	58	55	54	53	52	51	50
	20110515	日	東京	8	79	75	60	58	56	55	54	53	52	51	50
	20140105	日	中山	3	79	74	58	57	56	55	54	53	52	51	46
★	20151031	土	東京	1	79	64	62	60	58	55	54	53	52	51	47
	20160814	日	小倉	5	79	76	61	59	57	56	55	53	52	51	50
	20161023	日	東京	7	79	67	62	60	56	55	54	53	52	51	50

★１位79で１～３万円の高配当ゲット！

1位79・10位48～18位40（１減並び、18頭立て）

▼３連複の基本買い目
３位―２、10 位―ヒモ
（ヒモは指数 46 以上）
押さえ：４位―10 位の２頭軸流し（ヒモは指数 46 以上）
配当イメージ：１～３万円

●このパターンの総出現数…33 レース

１位 79 の連対率 33%

複勝率 39%

12	13	14	15	16	17	18	配当
46	45	44	43	42	41	40	14960
46	45	44	43	42	41	40	13520
46	45	44	43	42	41	40	29580
46	45	44	43	42	41	40	29020
46	45	44	43	42	41	40	11550
46	45	44	43	42	41	40	10850
46	45	44	43	42	41	40	11120
46	45	44	43	42	41	40	14690
46	45	44	43	42	41	40	14590
46	45	44	43	42	41	40	16940
46	45	44	43	42	41	40	10700
46	45	44	43	42	41	40	10400

CLOSE UP!

★2015 年７月 26 日中京２Ｒ（３歳未勝利、芝 1400 m）

不安定な１位を軸にするよりは、本文の通り、３、４位軸のほうが妙味がありそう（もちろん、ヒモには１位を押さえたほうがいい）。18 頭立て、下位の長い１減並びとあっても、３連複では、それほどの大穴は期待できない。このレースでは、１着４位 59（５番人気）④エスギープログレス、２着 10 位 48（７番人気）のＰＧ馬⑩リリーヴィクトリー、３着１位 79（２番人気）①オメガハートソングという入線で３連複１万 1120 円（３連単は 11 万 5700 円！）。

いかにも荒れそう？3、4位を軸にひとひねり

「1位79・10位48〜18位40（1減並び）・18頭立て」となったのは99レース。そのうちの26レースで3連複の配当が1〜3万円（未満）となっている。

飯田ハイパーでは、1減並びが続けば続くほど波乱レースのサインとされており、その説を実証する形となった。

そもそも1位79で18頭立てとなると、ただでさえ高くない1位の複勝率が50％まで落ちてしまう。当然、3連複万馬券となるようなレースの複勝率はさらに低くなる。

軸選びは難しいところだが、3位または4位が有力だ。2、3位の2頭軸流し馬券では33レース中5レースが的中。3、10位流しでは2レースしか的中しないが、その2本ともに相手は2位だった。

押さえとしては、4、10位の2頭軸流し。こちらも2レースの的中だが、相手は指数上位馬だった。念のため指数46以上に流すことを推奨するが、いざとなったら5位以内の馬に絞ってみる手もありだろう。率は低くても4点程度で万馬券が望める。

1位79・10位48〜18位40（1減並び）・18頭立て

（3連複配当1〜3万円、直近12例）

	日付・レース				1	2	3	4	5	6	7	8	9	10	11
	20120721	土	中京	11	79	74	66	58	54	52	51	50	49	48	47
	20121216	日	中京	8	79	70	60	59	58	55	52	50	49	48	47
	20130216	土	小倉	3	79	64	63	59	57	53	51	50	49	48	47
	20140525	日	東京	4	79	72	68	60	54	53	52	51	50	48	47
	20140906	土	小倉	5	79	68	64	62	60	56	53	51	50	48	47
	20141012	日	京都	7	79	73	59	58	57	55	51	50	49	48	47
★	20150726	日	中京	2	79	75	64	59	55	53	51	50	49	48	47
	20150801	土	小倉	6	79	77	64	56	55	52	51	50	49	48	47
	20160130	土	中京	5	79	67	65	63	58	55	51	50	49	48	47
	20160213	土	小倉	7	79	74	61	55	54	53	52	51	49	48	47
	20160306	日	小倉	10	79	67	63	61	56	54	52	50	49	48	47
	20160611	土	東京	12	79	67	63	61	60	57	51	50	49	48	47

★1位78で1万円未満の配当を狙い撃つ

1位78・2位77〜72・3位74〜71

▼3連複の基本買い目

1〜3位—1〜3位—ヒモ

(ヒモは指数46以上)

配当イメージ：3000円〜1万円

●このパターンの総出現数…21レース

1位78の連対率62%　複勝率62%

12	13	14	15	16	17	18	配当
46	43	42	41	40			4810
47	46	40					7370
45	44	43	42	40			5400
44	43	42	41	40			5230
							4820
							4260
							3310
44	43	41	40				4020
							5640
46	45	44	43	42	41	40	4740
44	43	42	41	40			6960
46	43	42	41	40			7390

CLOSE UP!

★2017年6月10日阪神3R（3歳未勝利、ダ2000m）

1〜3位が70台で拮抗しているパターンで「上位3強」の様相を呈している。指数がこのレベルだと、リアルオッズでは人気が割れている状況なので、上位同士、例えば1〜5位でもそこそこの配当がつくもの。このレースでは、1着3位71（3番人気）⑪ラローデス、2着1位78（1番人気）⑦ティーブラッサムとここまでセオリー通り。3着に9位49（8番人気）③ヒルノアトラーニが入り、3連複7390円（3連単2万9100円）となった。

上位3強からのフォーメーションで

この指数配列は03年以降、80レースあった。この並びだと、4位は例外なく50台になっている。抜けている馬はいないものの、3、4位間に大きな断層があり、3強戦ということをコンピが示しているのだ。

80レース中21レースが配当イメージの範囲に収まっているが、そのうち19レースが「1～3位―1～3位―ヒモ」の3連複フォーメーションで的中している形に。指数上位馬で混戦というレースでは、大波乱を狙うというより、上位馬をしっかりと組み合わせてヒモ荒れを狙いたい。

1位78の複勝率は57・8％（14年1月～17年6月）しかないが、この指数配列では、1位の複勝率が62％と若干アップ。

1位軸なら相手は2、3位でいいのも、点数が絞れて狙いやすいはず。ヒモも基本的には指数46以上、さらに絞るのであれば9位以内でOKだ。

１位78・２位77～72・３位74～71（３連複配当3000円～１万円、直近12例）

	日付・レース				1	2	3	4	5	6	7	8	9	10	11
	20080727	日	小倉	1	78	72	71	55	53	52	51	50	49	48	47
	20091017	土	東京	12	78	73	71	56	54	53	52	51	50	49	48
	20110903	土	小倉	6	78	73	72	56	54	51	50	49	48	47	46
	20120303	土	中京	3	78	74	72	54	53	52	51	50	47	46	45
	20130127	日	中京	12	78	75	74	54	53	52	50	49	48	46	40
	20130518	土	京都	9	78	77	72	55	52	49	47	46	消		
	20141228	日	阪神	5	78	74	72	57	55	54	49	44	42		
	20151010	土	京都	3	78	73	71	57	55	54	50	49	48	47	46
	20151213	日	阪神	5	78	72	71	57	56	50	49	48	47	40	
	20160508	日	京都	4	78	73	71	55	54	53	52	51	49	48	47
	20170218	土	京都	3	78	74	73	55	54	53	52	51	50	49	48
★	20170610	土	阪神	3	78	72	71	56	54	53	52	51	49	48	47

★１位78で１～３万円配当を好捕する

1位78・6位57、56・10位50

▼３連複の基本買い目
１位―３位の２頭軸流し
（ヒモは７位以下）
配当イメージ：１～３万円

●このパターンの総出現数…10 レース

1 位 78 の連対率 70%　複勝率 100%

12	13	14	15	16	17	18	配当
47	46	45	44	42	41	40	28310
47	46	43	42	41	40		10020
48	46	41	40				11190
48	47	44	43	42	41	40	11460
48	47	46	42	41	40		16010
46	42	41	40				11680
48	47	46	41	40			18890
48	47	46	43	42	41	40	12380
47	46						15370
48	47	46	43	42	41	40	16140

CLOSE UP!

★ 2017 年 4 月 29 日京都 4 R（3 歳未勝利、芝 1400 m）

ご覧の通り、1 位 78 がオール馬券圏内。2 位が極端に弱く、相手には 3 位が浮上。1、3 位から下位に流すと……このレースのように、15 位 43（13 番人気）⑤シエルブランのような馬が引っかかってもくれる（しかも 1 着！）。2 着 3 位 67（2 番人気）⑩ラモントルドール、3 着 1 位 78（1 番人気）⑮ホープフルスター。3 連複 1 万 6140 円、3 連単は 24 万 450 円だが、15 位アタマはさすがに買いにくいところだろう。

2位が極度の不振……1、3位軸でGO！

この指数配列は03年以降、32レース出現している。そのうち配当イメージのゾーンにあてはまったレースは10レース。そのすべてで1位が馬券になっている。

1位78・6位57、56・10位50という並びは、4位以下の指数差がそれほど大きくなく競っている状態。1位78の複勝率は57・8％（14年以降）と全面的には信頼できず、混戦模様なので、1位を蹴飛ばしたくなるところだが、ここでは堅実に走っているのだ。

一方、不振を極めているのが2位。10レースで2位が馬券になったのは、たったの1レース。

3位は意外と健闘しており、5レースで馬券になっている。1、3位の2頭軸流しであれば、ヒモは7位以下を狙おう。18頭立てであれば12点に及んでしまうが、3連複万馬券なら問題ナシ。

絞るのであれば、7位以下で46以上の指数の馬に流せば7～8点で済むが、17年4月29日京都4Rのような例もあるので、最下位まで流したい。

1位78・6位57、56・10位50（3連複配当1～3万円）

	日付・レース				1	2	3	4	5	6	7	8	9	10	11
	20090208	日	小倉	7	78	68	65	63	58	56	55	52	51	50	48
	20090426	日	東京	8	78	64	60	59	58	56	54	52	51	50	48
	20090913	日	新潟	11	78	67	65	58	57	56	53	52	51	50	49
	20100905	日	新潟	1	78	65	62	61	59	56	53	52	51	50	49
	20111029	土	新潟	7	78	64	62	61	57	56	55	52	51	50	49
	20120513	日	新潟	8	78	67	64	59	58	57	53	52	51	50	47
	20130407	日	福島	12	78	64	62	58	57	56	55	54	52	50	49
	20140412	土	中山	10	78	71	59	58	57	56	55	54	53	50	49
	20161016	日	東京	10	78	68	60	58	57	56	55	52	51	50	48
★	20170429	土	京都	4	78	68	67	59	58	57	53	52	51	50	49

★１位78で３～５万円配当をスーパーキャッチ！

1位78・2位74～70
(18頭立て)

▼３連複の基本買い目

１位―３位の２頭軸流し（ヒモは７位以下）

３位―11 位の２頭軸流し（ヒモは手広く）

押さえ：３位―指数 50 ～ 47―ヒモ（ヒモは８位以内）

配当イメージ：３～５万円

●このパターンの総出現数…12 レース

１位 78 の連対率 50%　複勝率 67%

12	13	14	15	16	17	18	配当
46	45	44	43	42	41	40	46350
46	45	44	43	42	41	40	37280
46	45	44	43	42	41	40	43640
46	45	44	43	42	41	40	49960
46	45	44	43	42	41	40	48970
47	45	44	43	42	41	40	32430
47	46	44	43	42	41	40	45240
46	45	44	43	42	41	40	37630
46	45	44	43	42	41	40	40090
47	46	45	44	43	42	40	46610
47	46	45	44	43	41	40	38240
47	46	44	43	42	41	40	39890

CLOSE UP!

★2015 年５月 10 日東京９Ｒ湘南Ｓ（４歳上 1600 万下、芝 1600 m）

ここも１、３位の２頭が強く、２位が低成績。基本は１、３位軸から下位流しでいいだろう。それでも 18 頭立てフルゲートのためか、結構な高配当が的中する。このレースでもセオリー通り、１着１位 78（２番人気、単勝 4.0 倍）⑧ダローネガ、２着３位 60（３番人気）⑫ピオネロと入線。３着に 12 位 47（14 番人気）⑬タイセイドリームがくい込み、３連複４万 6160 円、３連単 17 万 8760 円のビッグ配当に。

1位も強いが、穴党なら3位軸

14年以降、1位78で18頭立てとなったのは78レースあった。そのうち2位が74～70にあてはまったのは32レース。その際、1位の複勝率は71・9％と通常時の1位78の複勝率よりも15％近く高くなるのだ。

頭数も多く1、2位の指数差が少ない配列と聞くと、1位が不利だと思われがちだが、意外と健闘している並びといっていい。

また、配当イメージのゾーンである3～5万円（未満）となるレースは、03年以降では12レース出現。1位78はそのうち8レースでしっかりと3着以内をキープ。基本的には1位を軸で馬券を購入するのがベターといえる。

次いで浮上するのが3位だ。3位を軸にする際は思い切って振り回したい。ひとつは11位との組み合わせ。2レースの的中に留まるが、3、4万円台の3連複が望める。

指数ならば50～47の4頭を相手にしたフォーメーション馬券もありだろう（指数50～47が11位になる場合も含む）。

1位78・2位74～70・18頭立て（3連複配当3～5万円）

日付・レース				1	2	3	4	5	6	7	8	9	10	11
20041121	日	東京	10	78	73	70	55	54	53	52	51	50	49	48
20060521	日	中京	7	78	72	68	60	56	54	52	51	50	48	47
20060917	日	中山	6	78	72	68	57	56	54	53	52	49	48	47
20090628	日	阪神	3	78	74	68	56	54	53	52	51	50	48	47
20120825	土	小倉	12	78	71	69	59	53	52	51	50	49	48	47
20130907	土	中山	7	78	72	62	59	58	56	55	51	50	49	48
20140302	日	小倉	8	78	72	68	58	55	53	52	51	50	49	48
20140419	土	阪神	7	78	73	65	57	56	54	53	52	50	49	48
20140906	土	小倉	9	78	71	63	61	57	55	51	50	49	48	47
★20150510	日	東京	9	78	71	60	58	56	55	54	53	52	51	50
20150725	土	中京	7	78	73	66	55	54	53	52	51	50	49	48
20150802	日	新潟	6	78	70	64	57	56	54	53	52	51	49	48

★１位77で１万円未満配当をガッチリ！

1位77・2位75〜71・7位53・12位48、47

▼３連複の基本買い目

１位―３位、指数58―ヒモ

（ヒモは指数46以上）

押さえ：２位―３位の２頭軸流し（ヒモは指数46以上）

配当イメージ：5000円〜１万円

●このパターンの総出現数…21レース

１位77の連対率57%　複勝率57%

12	13	14	15	16	17	18	配当
47	46	42	41	40			9960
48	47	42	41	40			5340
47	46	42	41	40			7250
47	46	40					7890
48	47	46	41	40			9320
48	47	46					7400
48	47	46	41	40			8360
48	47	46	43	42	41	40	7640
48	47	46	43	42	41	40	7630
48	47	46	41	40			9940
48	47	46	43	42	41	40	5970
47	46	42	41	40			6350

CLOSE UP!

★2016年1月24日中山11ＲＡＪＣＣ（ＧⅡ、芝2200ｍ）

１位77が意外にしぶとく馬券圏内を確保、２〜５位もバランスよく絡む。近走では中位の７位53馬も浮上。堅い配当のように思われるが、リアルオッズでは人気が割れ気味なので、これまたそこそこな配当になる。このレースでも、１着１位77（２番人気）③ディサイファ、２着６位54（３番人気、ＰＧ馬）⑪スーパームーン、３着７位53（７番人気）⑦ショウナンバッハという決着で、３連複6350円、３連単３万540円。

1、2位の両雄、並び立つ？

03年以降、この指数配列は100レース出現している。そのうちの21レースが3連複5000円〜1万円（未満）に該当。

1位77は当初、馬券圏外に飛んでいたのが目立っていたものの、下の直近の12例では7レースで馬券（しかも2着以上）になっており、3連複はもとより、買い方次第では3連単的中も視野に入ってくる。

また21レースすべてで、1位が馬券にならなかった際は必ず2位が馬券になっている。1位はそのうち9レースで4着以下になっているが、その9レースでは2位が馬券になった。つまり、1位か2位を軸に購入していれば馬券が的中しやすい配列なのだ。

1位が軸になる際は、3位または指数58が相手となりやすい。押さえとして2位を軸にする際には、3位が相手でいい。2位が馬券になった10レース中6レースで3位も馬券になっている。

ヒモも万全を期すなら指数46以上の馬が対象だが、絞るのであれば、どの組み合わせでも8位以内の馬でいい。

1位77・2位75〜71・7位53・12位48、47（3連複配当5000円〜1万円、直近12例）

日付・レース				1	2	3	4	5	6	7	8	9	10	11
20071111	日	福島	6	77	74	59	58	57	55	53	51	50	49	48
20080120	日	中山	8	77	72	63	60	55	54	53	52	51	50	49
20080531	土	東京	11	77	71	65	58	55	54	53	52	50	49	48
20080809	土	函館	10	77	74	58	57	56	54	53	52	51	50	48
20080927	土	中山	6	77	72	62	61	55	54	53	52	51	50	49
20081101	土	福島	10	77	74	73	56	55	54	53	52	51	50	49
20081124	月	福島	1	77	73	65	60	55	54	53	52	51	50	49
20090509	土	東京	11	77	73	68	58	56	54	53	52	51	50	49
20090726	日	新潟	2	77	74	66	61	55	54	53	52	51	50	49
20141214	日	中山	8	77	75	70	56	55	54	53	52	51	50	49
20150607	日	東京	6	77	73	65	60	58	54	53	52	51	50	49
★20160124	日	中山	11	77	72	63	61	58	54	53	51	50	49	48

★１位77で１～３万円の好配当をいただきます！

1位77・10位52～50（18頭立て）

▼３連複の基本買い目

１位―３～５位―ヒモ（ヒモは７位以下）

３位―６位の２頭軸流し

（ヒモは指数 46 以上）

配当イメージ：１～３万円

●このパターンの総出現数…12 レース

1 位 77 の連対率 50%　複勝率 58%

12	13	14	15	16	17	18	配当
48	47	46	43	42	41	40	15360
48	47	46	43	42	41	40	16080
47	46	44	43	42	41	40	10230
49	48	46	43	42	41	40	25370
48	45	44	43	42	41	40	19550
48	46	44	43	42	41	40	12550
48	47	46	43	42	41	40	20210
48	47	46	44	43	41	40	12990
46	45	44	43	42	41	40	19090
49	47	46	43	42	41	40	14660
49	48	47	46	42	41	40	19550
46	45	44	43	42	41	40	12420

CLOSE UP!

★ 2013 年 10 月 19 日新潟 12 Ｒ平ヶ岳特別（３歳上 500 万下、芝 1200 m）

近年、特に１位の取りこぼしが多くなっている。穴党なら、押さえとしている３、６位の２頭軸流しから入る手もあるだろう。このレースは、１着７位 54（７番人気）⑮フリーアズアバード、２着６位 55（２番人気）のＰＧ馬②ラパージュ、３着３位 62（３番人気）⑤テーオートマホークで入線。３連複は１万 4660 円だったが、３連単は７位がアタマだったので 11 万 4100 円となっている。

1位は健闘しているが取りこぼしも……

この指数配列は03年以降、55レース出現。そのうち配当が1～3万円（未満）だったのは12レースあった。1位77でフルゲート戦の場合、1位の複勝率は49・1％（14年1月～17年6月）ととてつもなく低いが、ここではまずまずの成績を挙げており、12レース中7レースで馬券になっている。

1位を軸にするといっても、狙い方は非常に難しいものもあるが、1位が1軸目、2軸目に3～5位を置いたフォーメーションで攻めてみたい。このフォーメーションであれば、ヒモの頭数にもよるが、20～30点前後で3連複万馬券が狙えるはずだ。

1位が飛んだ際のレースでは、3、6位の2頭軸が有効的だろう。ヒモは広がるが指数46以上で、大物をゲットしたい。

どちらにしても万馬券決着であれば、多少、点数が増えても的中すれば一発で回収できるはずだ。

1位77・10位52～50・18頭立て（3連複配当1～3万円）

日付・レース				1	2	3	4	5	6	7	8	9	10	11
20030830	土	新潟	4	77	67	64	59	57	56	53	52	51	50	49
20060729	土	新潟	7	77	74	62	58	56	54	53	52	51	50	49
20060903	日	小倉	6	77	72	67	58	57	55	54	53	51	50	49
20070826	日	新潟	5	77	68	63	57	56	55	54	53	52	51	50
20080209	土	小倉	3	77	71	68	57	56	54	53	52	51	50	49
20090215	日	小倉	3	77	75	63	61	55	54	53	52	51	50	49
20100801	日	新潟	10	77	66	65	62	60	56	53	52	51	50	49
20110507	土	京都	12	77	66	64	61	60	58	55	52	51	50	49
20111119	土	新潟	10	77	67	63	60	58	54	53	52	51	50	47
20131019	土	新潟	12	77	64	62	60	56	55	54	53	52	51	50
20170408	土	阪神	10	77	68	66	65	56	55	54	53	52	51	50
20170603	土	東京	6	77	66	59	58	57	56	55	54	53	52	51

★1位76軸で1～3万円の好配当をごちそうさま！

1位76・2位75～73・3位60台・10位53～50

▼3連複の基本買い目

1位ー2、4位ーヒモ

（ヒモは指数55～46）

配当イメージ：1～3万円

●このパターンの総出現数…16レース

1位76の連対率63%　複勝率75%

12	13	14	15	16	17	18	配当
50	49	48	47	46			16240
48	47	46	43	42	41	40	28130
48	47	46	41	40			16430
48	45	44	43	42	41	40	12510
47	46	42	41	40			12050
43	42	41	40				10060
48	47	46	41	40			21480
48	47	46	41	40			27580
48	46	42	41	40			17750
48	43	42	41	40			16940
48	47	46	43	42	41	40	11480
48	47	46	41	40			28110

CLOSE UP!

★2017年1月29日東京12R（4歳上1000万下、芝1800m）

1、2位が70台で接近しているパターン。その1、2位軸でいいかと思えば、近3年は1位が優勢、2位が落ち込んでいる。直近のこのレースでも、上記の基本買い目で挙げた4位58（2番人気）⑮スモークフリーが1着。2着には健闘の1位76（1番人気）⑪アヴニールマルシェ。3着はヒモ荒れの13位47（13番人気）①スパーブデイで決着。13位馬が入ったので、3連複は2万8110円（3連単11万740円）の波乱に。

波乱含みの一戦も1位が踏ん張る！

この指数配列は、大混戦という状況を表している。1、2位の差もほとんどないし、3位も60台と接近。10位になっても50をキープしているというのは、競馬新聞などの印もバラツキが多く見られるようなレースになっているはず。

1位76ともなると、複勝率は54・1％（14年1月〜17年6月）まで低下する。リアルオッズで1番人気ではないケースも少なくない。しかし混戦レースだからこそ、1位が馬券になればオイシイ場合もある。

この並びで3連複配当ゾーンが1〜3万円（未満）となったのは16レースあったが、そのうち12レースで1位は馬券になっており、複軸向きといっていい。

そういった意味でこの指数配列は、波乱含みの一戦ということを提示しつつも、高い確率で1位が馬券になっており、馬券も組み立てやすいのだ。

ヒモも46以上の馬しか3着以内に入っておらず、絞りやすい。

1位76・2位75〜73・3位60台・10位53〜50（3連複配当1〜3万円、直近12例）

	日付・レース				1	2	3	4	5	6	7	8	9	10	11
	20080511	日	東京	10	76	75	68	58	57	56	55	54	53	52	51
	20080511	日	東京	11	76	75	62	61	55	54	53	52	51	50	49
	20081116	日	福島	1	76	73	62	59	58	56	53	52	51	50	49
	20090314	土	中京	4	76	75	65	57	55	54	53	52	51	50	49
	20091004	日	中山	9	76	73	67	59	55	54	53	52	51	50	49
	20130901	日	新潟	3	76	73	65	57	56	55	53	52	51	50	49
	20131123	土	東京	8	76	73	67	56	55	54	53	52	51	50	49
	20140614	土	東京	7	76	74	65	58	56	55	53	52	51	50	49
	20151003	土	中山	11	76	75	62	61	58	54	53	52	51	50	49
	20160111	月	中山	8	76	74	66	57	55	54	53	52	51	50	49
	20161203	土	中京	12	76	75	65	62	55	54	53	52	51	50	49
★	20170129	日	東京	12	76	75	68	58	55	54	53	52	51	50	49

★１位76で３～10万円のビッグ配当にトライする

1位76・2位60台・5位57、56・8位52

▼３連複の基本買い目

7位ー3、4、9位ーヒモ

（ヒモは１、２位除く）

押さえ：９位ー４、５位ーヒモ（ヒモは１、２位除く）

配当イメージ：３～10 万円

●このパターンの総出現数…19 レース

１位 76 の連対率０％　複勝率 11％

12	13	14	15	16	17	18	配当
47	46	45	42	40			37190
44	43	42	41	40			51180
46	43	42	41	40			53500
47	46	42	41	40			81770
46	42	41	40				43360
48	46	40					86400
48	47	42	41	40			33840
47	46	42	41	40			47880
47	46	45	43	42	40	消	38630
48	47	46	41	40			66090
45	44	43	41	40			55410
47	42	41	40	消			57530

CLOSE UP!

★ 2016 年 12 月 17 日中山５Ｒ（２歳新馬、芝 1800 m）

１、２位は全切りといってもいい、穴党が待ってましたとウレシ泣きのパターンだろう。このレースでも、１着７位 53（４番人気）⑭カリンバ、２着９位 51（９番人気）⑬アオイシンゴ、３着 12 位 47（11 番人気）⑫ホウオウジャンプと入り、３連複は５万 7530 円（３連単 28 万 6630 円）というビックリ配当。多少、相手は広がっても逃さないように下位まで流して正解だ。

1、2位切りで大穴3連複を！

1位76が大苦戦しているパターンを紹介しよう。この指数配列は71レースあった。そのうち、1位が3着以内に入ったのは29レース。その複勝率は41％程度しかなかった。

さらに配当イメージの3〜10万円（未満）のゾーンに合致した19レースのうち、3着以内に入ったのはたったの2レースまでになってしまう。つまり、このケースであれば、71レース中19レースで3連複3万円以上の超大穴馬券が狙え、そのうちの17レースでは1位が飛んでいるのだ。

2位も大不振、19レースで馬券になったレースはなんとゼロ。1、2位を無条件に切るのは危険ではあるが、ここは思い切って蹴飛ばしたいところ。

軸は難しいが、一応の中心は7位か。19レース中8レースで3着以内をキープしており一発狙ってみるのも面白い。一撃3万円以上の配当であれば、点数が多くなることには目をつむりたい。

1位76・2位60台・5位57、56・8位52（3連複配当3〜10万円、直近12例）

	日付・レース				1	2	3	4	5	6	7	8	9	10	11
	20080614	土	中京	11	76	68	65	59	57	54	53	52	51	50	48
	20110917	土	中山	11	76	66	65	61	57	56	55	52	49	47	46
	20111002	日	札幌	2	76	65	61	58	57	56	55	52	50	49	48
	20121110	土	福島	3	76	68	67	57	56	55	54	52	51	50	48
	20130825	日	小倉	5	76	64	59	58	56	54	53	52	51	49	48
	20130901	日	新潟	4	76	64	63	61	56	55	53	52	51	50	49
	20131215	日	中山	5	76	69	63	61	57	55	53	52	51	50	49
	20140713	日	函館	8	76	66	62	59	57	54	53	52	51	50	48
	20150404	土	阪神	10	76	66	64	59	56	54	53	52	50	49	48
	20160717	日	中京	8	76	67	66	58	57	54	53	52	51	50	49
	20160723	土	中京	8	76	69	66	62	56	55	53	52	48	47	46
★	20161217	土	中山	5	76	63	61	60	56	55	53	52	51	50	48

★１位75で１万円未満の堅実配当をキャッチ

1位75・2位72〜70・6位58、57

▼３連複の基本買い目
5位1頭軸流し（ヒモは１〜８位）
6位1頭軸流し（ヒモは１〜８位）
配当イメージ：3000円〜１万円

●このパターンの総出現数…19レース

１位75の連対率42%　複勝率47%

12	13	14	15	16	17	18	配当
44	43	42	41	40			8750
							3590
41	40						4420
47	46	42	41	40			4340
43	42	41	40				5560
44	43	42	41	40			4380
44	43	42	41	40			4470
46	45	44	42	40			8050
42	41	40					4540
44	43	42	41	40			3370
46	41	40					6320
47	46	44	43	42	41	40	3230

CLOSE UP!

★2017年３月25日中山10Ｒ春風Ｓ（４歳上1600万下、ダ1200ｍ）

直近12レースだけを見ると、１〜６位の３連複ボックス（計20点）が一番手っとり早そうだが……このレースはそれでは獲れなかったケースだ。基本の５、６位軸のうち５位が正解で、１着２位71（２番人気）⑫ショコラブラン、２着７位53（５番人気）⑩チュラカーギー、３着５位58（６番人気）⑪ベックで決まり、３連複は6320円（３連単２万5490円）となった。

意外に安定している5、6位が軸候補

この指数配列は41レースあったが、そのうち19レースが3連複3000円～1万円（未満）の範囲に収まっている。つまり、該当レースの半数以上が3連複の配当が1万円未満ということだ（3000円以下のレースも存在するため）。

1位75ともなると、複軸としては信頼できない局面ばかりだが、意外と出現している指数配列だといっていい。通算すると平凡な値だが、直近12例ではまずまずの成績だというのが、下の表を見ればわかるだろう。

ただ、軸にするのであれば5、6位のほうが安定しているのも特徴的。5位は19レース中8レースで3着以内に入っており、6位は10レースで3着以内に入っているのだ。

また、9位以下の馬が3着以内に入ったのは、たったの1レース。つまり、5位か6位を1頭軸に相手を8位以内にしていれば、かなりの数のレースで馬券を的中することができるのだ。どちらかの1頭軸で相手7頭の3連複であれば21点で済む。30倍以上の配当ならプラス収支だ。

1位75・2位72～70・6位58、57（3連複配当3000円～1万円、直近12例）

	レース・日付				1	2	3	4	5	6	7	8	9	10	11
	20080211	月	京都	5	75	72	68	62	60	58	55	51	49	48	46
	20090502	土	東京	3	75	72	62	61	59	58	56	48	47	41	40
	20100814	土	新潟	12	75	70	62	61	59	57	56	50	47	46	42
	20101030	土	福島	12	75	72	60	59	58	57	56	54	50	49	48
	20120429	日	京都	8	75	70	62	59	58	57	56	49	48	47	46
	20120506	日	新潟	2	75	70	62	60	59	57	55	52	50	48	45
	20121215	土	中京	9	75	70	61	60	59	57	53	51	50	46	45
	20130217	日	小倉	11	75	70	62	60	58	57	53	50	49	48	47
	20131020	日	新潟	8	75	70	62	61	60	58	53	50	48	47	46
	20151115	日	東京	10	75	71	61	59	58	57	56	55	50	48	46
★	20170325	土	中山	10	75	71	63	59	58	57	53	51	49	48	47
	20170326	日	中京	11	75	70	69	59	58	57	52	51	50	49	48

★１位75で１～３万円の好配当にありつく方法

1位75・12位47
(18頭立て)

▼３連複の基本買い目

３位―指数 50 ～ 48―ヒモ

(ヒモは 11 位以内)

押さえ：２位―指数 50 ～ 48―ヒモ（ヒモは 11 位以内)

配当イメージ：１～３万円

●このパターンの総出現数…11 レース

1 位 75 の連対率 18%　複勝率 18%

12	13	14	15	16	17	18	配当
47	46	44	43	42	41	40	18310
47	46	44	43	42	41	40	22130
47	46	45	44	42	41	40	28550
47	46	44	43	42	41	40	23530
47	46	44	43	42	41	40	22320
47	46	44	43	42	41	40	10790
47	46	45	44	43	41	40	27810
47	46	44	43	42	41	40	26740
47	46	45	44	43	41	40	12200
47	45	44	43	42	41	40	23830
47	46	44	43	42	41	40	15960

CLOSE UP!

★ 2016 年８月 13 日小倉６Ｒ（３歳未勝利、芝 1200 m）

１位指数が 70 台で 18 頭フルゲートにしては、チョイ波乱程度といった配当イメージだろうか。軸としては１、２位がアテにできず、本文で触れているように３位が浮上。セオリー通りのフォーメーションで、このレースも的中する。１着３位 66（２番人気）⑥ダブルスキップ、２着 10 位 49（９番人気）⑬ベルロック、３着５位 57（４番人気）⑩ロングハードという決着。３連複は２万 3830 円。３連単は穴ポイントの指数 49 馬が２着で 12 万 3520 円と 10 万馬券超え。

大波乱はナシ……ヒモは11位以内でOK

3連複で万馬券になるからといって、極端に低順位の馬を狙わなくていい。やはり出現に偏りは見られるもので、「1位75・12位47・18頭立て」を満たし、3連複1～3万円（未満）ゾーンでは、指数に直せば48以上、順位なら11位以上の馬しか馬券になっていないのがわかる。

ただ、11位以内の馬で決着するのがわかっているものの、買い方は難しいところがある。

そこで指数上位馬を改めて検索してみると、そこそこ安定しているのが3位（11レース中6レースで3着以内）とわかった。

同馬が1軸目、指数50～48を2軸目にした3連複フォーメーション馬券をまず購入。押さえとして2位を軸に50～48を2軸目にした馬券を推奨する。11位以内であれば、最大の点数は1組あたり24点。2位と3位からの2組を購入しても48点で済む。

1位75・12位47・18頭立て（3連複配当1～3万円）

日付・レース				1	2	3	4	5	6	7	8	9	10	11
20030518	日	東京	9	75	70	68	65	54	53	52	51	50	49	48
20070512	土	東京	11	75	65	63	62	58	57	56	51	50	49	48
20080301	土	中京	11	75	70	65	61	54	53	52	51	50	49	48
20081108	土	京都	10	75	67	62	60	56	55	52	51	50	49	48
20110807	日	小倉	9	75	74	62	59	54	53	52	51	50	49	48
20120513	日	東京	11	75	69	63	62	59	54	52	51	50	49	48
20140301	土	小倉	10	75	71	70	60	58	56	54	52	51	50	49
20140927	土	新潟	2	75	63	62	61	58	56	55	53	51	49	48
20141227	土	阪神	4	75	73	70	62	54	53	52	51	50	49	48
★20160813	土	小倉	6	75	71	66	60	57	53	52	51	50	49	48
20160828	日	新潟	5	75	74	64	59	57	53	52	51	50	49	48

★１位75で３～10万円のビックリ配当に王手！

1位75・2位74～70・5位61～59

▼３連複の基本買い目

４位―12 位の２頭軸流し

（ヒモは 11 位以内）

４位―５～７位―ヒモ

（ヒモは 12 位以内）

配当イメージ：３～10 万円

●このパターンの総出現数…14 レース

１位 75 の連対率 14%　複勝率 14%

12	13	14	15	16	17	18	配当
47	46	41	40				31910
46	45	44	43	42	41	40	94150
41	40						33860
45	43	42	41	40			51150
42	41	40					35990
41	40						64980
44							36740
47	45	44	41	40			47710
47	46	42	41	40			76160
44	43	42	41	40			36180
48	47	46	41	40			43340
46	43	42	41	40			49810

CLOSE UP!

★2016 年 12 月 18 日中山９Ｒ香取特別（３歳上 1000 万下、ダ 1800 m）

ここまでくると１～３位はヒモ扱いでよく、本文で指摘している４位軸で一発、超配当を狙っていきたいところだ。このレースでも、４位―５、７位―ヒモの必殺フォーメーションがサク裂！　１着７位 52（９番人気）①アサクサスターズ、２着８位 51（６番人気）⑧エネスク、３着４位 62（４番人気）⑭アルカサルと入線。３連複は３万 6180 円だったが、３連単は 54 万馬券の大波乱になった。

1位はダウン、4位から下位へが基本

この指数配列で3連複配当が3〜10万円（未満）になったのは14レース。さすがに3万円を超える配当となると、1位75の出番は激減する。14レース中2レースしか馬券になっていないのだ。

浮上するのは4位。14レース中7レースで馬券になっている。ここは超穴を狙うということで、まず4、12位の2頭軸流しの馬券を狙いたい。的中率は低くなるものの、当たれば3連複でも特大万馬券となる。

次にオススメするのが同じく4位を軸にして、5〜7位を2軸目に据えた3連複フォーメーション。ヒモも原則として12位以内の馬を購入しよう。最大で27点となるが、点数を広げる価値はあるはず。

点数を絞るのであれば、枠の3位、枠の8位に入った馬は苦戦傾向にあるのでカットする手もあるだろう。1頭減らせれば24点、2頭減らせれば21点になる。1位も苦戦傾向なので、3頭減らせれば18点まで絞れるのだ。

1位75・2位74〜70・5位61〜59（3連複配当3〜10万円）

	日付・レース				1	2	3	4	5	6	7	8	9	10	11
	20051022	土	東京	4	75	71	63	60	59	54	53	51	50	49	48
	20081227	土	中京	7	75	70	67	62	61	53	51	50	49	48	47
	20090214	土	京都	2	75	73	67	61	59	54	52	46	44	43	42
	20100418	日	中山	12	75	71	63	60	59	56	52	51	50	47	46
	20110226	土	中山	6	75	71	68	60	59	55	52	51	50	46	43
	20120318	日	中京	7	75	72	65	61	59	55	51	49	48	46	43
	20120708	日	函館	8	75	74	63	61	60	54	50	49	48	47	46
	20150308	日	阪神	11	75	73	63	61	60	58	55	53	51	50	48
	20150524	日	新潟	11	75	72	62	61	59	56	52	51	50	49	48
★	20161218	日	中山	9	75	70	63	62	59	56	52	51	49	47	46
	20170205	日	東京	7	75	70	65	62	61	54	53	52	51	50	49
	20170408	土	中山	11	75	70	65	62	59	56	54	50	49	48	47

★１位74で１〜３万円配当に絶妙のアプローチ

1位74・2位66〜64・5位59

▼３連複の基本買い目

６位―２、３位―ヒモ

（ヒモは７位以下）

押さえ：６位―10 位の２頭軸流し（ヒモは 12 位以内）

配当イメージ：１〜３万円

●このパターンの総出現数…11 レース

１位 75 の連対率 27%　複勝率 27%

12	13	14	15	16	17	18	配当
47	46	42	41	40			10970
46	44	43	42	40			22830
46	42	41	40				25560
44	43	42	41	40			20830
46	45	44	43	42	41	40	27550
46	42	41	40				20090
46	45	44	43	42	41	40	12280
47	46	45	43	42	41	40	10370
							12450
43	42	41	40				25050
42	41	40					21380

CLOSE UP!

★ 2014 年２月 15 日京都 12 Ｒ（４歳上 1000 万下、ダ 1800 ｍ）

本文でも指摘した通り、６位軸でいきたいパターン。このレースは 10 頭立てだったが、３連複は万馬券に届いている。１着６位 54（７番人気）⑨デルマイザナミ、２着７位 53（５番人気）⑥ブライトエルフ、３着３位 64（６番人気）②クローバーリーフと入線。３連複は１万 2450 円だったが、３連単は８万 1390 円と少頭数にしては高配当に。６位軸の馬単マルチも一考で、ここも馬単は１万 530 円とつけている。

6位が主役、相手次第で超配当も期待できる

この指数配列は37レース出現。そのうち、11レースで3連複の配当が1~3万円（未満）となっている。

軸は文句ナシで6位だろう。11レース中8レースで3着以内をキープしているのだ。14年1月~17年6月の期間では、1位74のレースにおいて、6位は複勝率25・0％程度だが、この条件であれば約73％まで上昇する。

また同様の期間で、1位74は複勝率が50％を割って49・7％しかない状況。基本的に1位74のレースが出現したら、穴を狙うチャンスといっていい。

6位を軸にしたら、2軸目の相手には2、3位を取り上げたい。ヒモは7位以下にすると配当イメージに近い馬券となるはず。

さらに大穴を狙うなら、6位と10位の2頭軸流しだ。この2つの順位の馬が同時に来ることはめったにないとは思うが、一応、11レース中3レースで的中していた格好だ。ハマれば、3万円以上の配当となる可能性がある。ヒモは原則12位以上で、5位が苦戦ということを考慮すると、さらに点数は絞れるはず。

1位74・2位66～64・5位59（3連複1～3万円）

日付・レース				1	2	3	4	5	6	7	8	9	10	11
20040112	月	中山	7	74	65	62	60	59	58	54	53	52	51	50
20061223	土	中京	11	74	66	64	63	59	54	52	50	49	48	47
20070708	日	福島	12	74	66	62	61	59	57	55	51	49	48	47
20090315	日	中京	7	74	66	64	63	59	57	53	50	49	48	47
20090614	日	中京	1	74	65	62	61	59	55	53	51	50	49	47
20100404	日	中山	12	74	66	65	61	59	55	54	52	50	48	47
20120722	日	新潟	11	74	64	63	60	59	58	57	52	51	50	47
20130622	土	阪神	8	74	65	63	62	59	58	52	51	50	49	48
★20140215	土	京都	12	74	65	64	63	59	54	53	52	41	40	
20140503	土	新潟	5	74	65	64	62	59	58	57	50	49	48	44
20160423	土	福島	4	74	65	62	61	59	56	55	53	50	46	43

★１位73で１～３万円配当にチャレンジ！

1位73・5位59
(16頭立て)

▼３連複の基本買い目

５位ー６、８、９位ーヒモ
(ヒモは指数 46 以上)

６位ー４、５、10 位ーヒモ
(ヒモは指数 46 以上)

配当イメージ：１～３万円

●このパターンの総出現数…19 レース

1 位 73 の連対率 32%　複勝率 37%

11	12	13	14	15	16	配当
48	47	46	42	41	40	13300
47	46	44	43	41	40	23530
49	48	47	46	41	40	10380
50	49	48	47	46	40	24860
46	44	43	42	41	40	14520
45	44	43	42	41	40	29180
47	46	43	42	41	40	24550
48	47	46	42	41	40	10460
48	46	43	42	41	40	18800
49	48	47	46	41	40	18270
48	47	46	45	41	40	11560
47	46	43	42	41	40	12590

CLOSE UP!

★ 2015 年９月 20 日中山５Ｒ（２歳新馬、芝 1600 ｍ）

本文で触れている通り、５、６位の台頭が目立つ。次いで４、９位といったところだろう。近走例からすると、下位の９位から馬券を組み立てるのが面白いかもしれない。このレースは１着４位 60（４番人気）⑨アリュージョン、２着９位 50（９番人気）⑪ベルモントラハイナ、３着２位 72（２番人気）⑤サンシカゴと入線。３連複は１万 8800 円だったが、３連単は９位が２着にくい込んだため９万 6530 円とオイシイ配当になっている。

5、6位軸で大物を射止めたい

　この指数配列（16頭立て）で3連複配当が1～3万円（未満）となったのは、03年以降19レース。そのうち、5位または6位が馬券になったのは15レース。ともに3着以内に入ったのも3レースあり、5位または6位を軸で攻めるのがベターだろう。

　また、指数45以下の馬が馬券になったことはない。13位以下の馬で馬券になったのも指数46の馬だった。点数をさらに絞るのであれば、12位以下をカットすることをオススメする。極端に低順位、低指数の馬は馬券にならないのも特徴的だ。

　1～3位はまったく馬券にならないわけではないが、押さえで十分。1位73ともなると、上位馬が必ずしもリアルオッズで人気馬とは限らない。かといって、すべてを切ってしまうほど出現率が低いわけでもない。

　大穴を狙うのであれば、8～10位との組み合わせも見逃せない。特に9位は19レース中5レースで3着以内に入っており、この順位の馬としてはよく走っている。

1位73・5位59・16頭立て（3連複配当1～3万円、直近12例）

	日付・レース				1	2	3	4	5	6	7	8	9	10
	20080105	土	中山	4	73	71	63	60	59	56	55	51	50	49
	20080126	土	京都	12	73	72	64	63	59	57	52	50	49	48
	20080504	日	新潟	4	73	65	64	62	59	55	53	52	51	50
	20080921	日	中山	12	73	67	62	60	59	57	54	53	52	51
	20090426	日	福島	12	73	68	63	60	59	58	53	52	51	47
	20120310	土	中山	7	73	70	65	60	59	56	53	52	48	46
	20120715	日	函館	11	73	67	65	63	59	57	51	50	49	48
	20121209	日	中山	11	73	67	63	61	59	57	54	53	50	49
	20140803	日	札幌	9	73	63	62	60	59	58	56	52	51	49
	20140906	土	札幌	8	73	66	62	60	59	55	54	52	51	50
	20150628	日	函館	2	73	66	63	60	59	58	53	52	50	49
★	20150920	日	中山	5	73	72	61	60	59	58	52	51	50	48

★１位72で１万円未満の堅実配当をキャッチ！

1位72・5位61、60・6位59〜57・12位46〜44

▼３連複の基本買い目
5位ー4、6、7位ーヒモ（ヒモは９位以内）
5位１頭軸流し（ヒモは１〜９位）
配当イメージ：3000円〜１万円

●このパターンの総出現数…16レース

１位72の連対率44%　複勝率56%

12	13	14	15	16	17	18	配当
44	43	42	41	40			8710
44	43	42	41	40			3100
44	43	42	41	40			4290
46	45	44	43	42	41	40	3150
44	43	42					6590
46	43	42	41	40			3170
44	43	42	41	40			3710
44	43	42	41	40			7900
44	43	42	41	40			6880
45	43	42	41	40			7800
46	42	41	40				3220
46	45	44	43	42	41	40	9020

CLOSE UP!

★2014年２月10日東京７Ｒ（４歳上500万下、ダ2100ｍ）

３着固定でもいいかもしれない５位だが、このレースでは珍しくアタマに。１着５位60⑮マイネルボンドはリアルオッズで８番人気と裏ＰＧ馬だった。２着にそこそこ健闘する１位72（１番人気）③レッドエンブレム、３着２位68（２番人気）⑧ヴェルウィッチアと入線。３連複は3220円ギリギリラインだったが、３連単は５位（８番人気）１着で２万6040円とついた。

3着数がやたら多い5位の活用法

この指数配列に該当したのは、13年以降44レース。そのうちの16レースで配当イメージのゾーンにあてはまっている。

注目したいのは16レース中9レースで馬券になった5位だろう。しかも、9レース中7レースが3着というもの。応用編としては3連単3着付けという馬券もありそうだ。

ちなみに、3連単5位3着での最高配当は13年12月22日阪神1R。1着7位55→2着3位64→3着5位60というもので、配当は5万1800円だった。

配当1万円未満ということもあり、10位以下の馬で馬券になった例はナシ。基本的には5位を軸にして9位以内の馬を購入しておけばいいということ。

1位72の総合複勝率は40%台後半で高くないものの、19レース中9レースで3着以内に入っており、そこそこ信頼できる。また枠の6位、枠の8位に入った馬の連対例はなく、点数を絞る際に有効だろう。

1位72・5位61、60・6位59〜57・12位46〜44

（3連複配当3000円〜1万円、直近12例）

	日付・レース				1	2	3	4	5	6	7	8	9	10	11
	20080706	日	福島	12	72	66	63	61	60	57	56	51	50	49	48
	20080920	土	阪神	12	72	68	65	62	61	59	52	50	49	47	46
	20090531	日	中京	7	72	69	64	61	60	57	55	48	47	46	45
	20110507	土	京都	5	72	63	62	61	60	59	58	52	51	48	47
	20120114	土	京都	4	72	65	63	62	61	57	53	51	48	47	45
	20120205	日	東京	3	72	71	63	62	61	59	53	50	49	48	47
	20120226	日	中山	12	72	65	64	63	60	59	57	52	48	47	46
	20121111	日	京都	4	72	70	62	61	60	57	54	53	48	46	45
	20130330	土	中山	2	72	66	62	61	60	59	58	55	51	48	47
	20131222	日	阪神	1	72	65	64	63	60	59	55	50	49	48	46
★	20140210	月	東京	7	72	68	62	61	60	57	56	53	50	49	48
	20150215	日	小倉	4	72	67	66	64	61	57	56	54	52	48	47

★1位70で1～3万円のウレシイ配当を的中したい

1位70・2位68・3～5位60台

▼3連複の基本買い目

枠1位ー8、9位ーヒモ

（ヒモは12位以内）

配当イメージ：1～3万円

※枠1位は枠番コンピ1位。ここでは、枠内の頭数すべてが対象。特に「枠」を付けていない場合は通常通り、馬番コンピを指している。枠番コンピについてはP94参照。

●このパターンの総出現数…13レース

1位70の連対率38%　複勝率46%

12	13	14	15	16	配当
46	43	42	41	40	20700
48	47	46	42	40	29880
43	42	41	40	消	15880
42	41	40			14050
42	41	40			14210
46	43	42	41	40	27820
42	41	40			27720
42	41	40			13570
46	45	42	41	40	13380
46	41	40			12520
					10630
47	43	42	41	40	23750

CLOSE UP!

★2014年6月29日函館4R（3歳未勝利、芝1800m）

このレースは、枠1位70＝馬1位70の①ソードラック（2番人気）が差し切り勝ち。2着に6位56（5番人気）③マルーンドロップ、3着8位54（8番人気）⑨ウエスタンメグと入線。10頭立てながら、リアルオッズで1番人気のジャストヴィークルが圏外に沈んだせいで、3連複は1万630円、3連単3万4680円と万馬券に。

1位枠は、枠内に同居する馬がすべて対象

この指数配列で3連複1～3万円（未満）の配当ゾーンだったのは13レース。そのうちの10レースで枠の1位に入った馬が必ず2着以内になっていたのだ。

連対したのは必ずしも1位70の馬ではないので〝同居〟していた馬にもチェックは必要。枠の1位に入った2頭（1、3頭のケースもあり）を軸に、8、9位を2軸目にした3連複フォーメーション馬券がオススメ。ヒモは原則として12位以内（指数46以上）。指数45以下の馬で馬券になったのは1レースしかなく、例外と考えてよさそう。

応用技としては枠の1位からの枠連馬券か。1位（ゾロ目）、7位、8位の連対はないので、枠の2～6位相手の5点で済む。3連複を購入する際には、押さえで枠連も買っておくといいかもしれない（枠連の最高配当は1500円）。

またご覧のように、馬の5位は不振傾向で13レース中1レースしか馬券になっておらず、点数を絞るのであればカットする手もあるはずだ。

1位70・2位68・3～5位60台（3連複配当1～3万円、直近12例）

	日付・レース				1	2	3	4	5	6	7	8	9	10	11
	20041205	日	中山	8	70	68	65	62	60	59	51	50	49	48	47
	20050212	土	京都	12	70	68	66	65	61	57	54	53	51	50	49
	20051224	土	阪神	10	70	68	67	62	60	55	54	47	46	45	44
	20060212	日	東京	10	70	68	63	61	60	59	55	49	48	47	43
	20060708	土	函館	5	70	68	66	65	62	53	52	51	50	48	46
	20070310	土	阪神	8	70	68	67	61	60	56	54	50	49	48	47
	20100221	日	京都	1	70	68	64	63	60	54	53	47	46	44	43
	20101204	土	中山	10	70	68	65	63	60	59	54	49	48	47	46
	20120205	日	小倉	3	70	68	62	61	60	55	53	52	51	50	48
	20140622	日	東京	4	70	68	67	66	60	57	52	50	49	48	47
★	20140629	日	函館	4	70	68	64	61	60	56	55	54	46	40	
	20150214	土	東京	7	70	68	64	62	61	58	54	51	50	49	48

★１位69軸で１万円未満の配当を“限定戦”で獲る

1位69・2〜4位60台

▼３連複の基本買い目
１位―５〜７位―ヒモ
（ヒモは10位以内）
配当イメージ：3000円〜１万円

※このケースはかなり特殊だが、２〜４位が連対しない場合のみが対象となっている。

●このパターンの総出現数…27レース

１位69の連対率56%　複勝率78%

12	13	14	15	16	17	18	配当
41	40						5530
46	45	44	43	42	41	40	5680
46	43	42	41	40			6520
							4590
47	43	42	41	40			9430
46	43	42	41	40			6760
44	43	42	41	40			5630
46	42	41	40				9640
47	46	45	44	42	41	40	9750
41	40						4560
40							4860
43	42	41	40				3300

CLOSE UP!

★2014年６月29日函館１Ｒ（３歳未勝利、ダ1000ｍ）

１位60台は荒れそうで荒れない。むしろ堅実な配当をきっちりモノにしたほうがいい。このレースは、１着７位53（６番人気）⑪コスモピンチョス、２着１位69（３番人気）⑤カガフレグランス、３着３位66（４番人気）①ラダムドーと入線。12頭立てながら、リアルオッズで１番人気⑥フクノググングニルが圏外に沈んだせいで、３連複は4860円、３連単は４万7810円とオイシイ配当になった。

1位60台でも、1位が善戦するパターン

1位69は複勝率は51・7％という具合で不安定な状態にある（14年1月〜17年6月）。しかし、この指数配列で3連複の配当が3000円〜1万円（未満）となるようなレースでは、意外と1位69が馬券になるケースが目立っている。

ここでさらにレース数を絞るため、「2〜4位が連対できず」という特殊条件を加えると、27レースあり、1位はそのうち21レースで3着以内をキープした。

1位69となるレースは波乱含みに見えるが、403レース中138レースが3連複3000円〜1万円（未満）。一番のボリュームゾーンが、実はこの堅実配当圏なのだ。指数の値の低さとは裏腹に、あまりにも混戦すぎて逆に荒れないという傾向が強い（着順を定める3連単では高配当もある）。

基本的には1軸目に1位、2軸目に5〜7位を置いて、ヒモは10位以内という馬券が狙い目。この組み合わせなら21点で済むので、30倍以上の配当ならプラス収支が望める。

1位69・2〜4位60台※2〜4位連対ナシの限定（3連複配当3000円〜1万円）

日付・レース				1	2	3	4	5	6	7	8	9	10	11
20111030	日	東京	7	69	68	65	64	60	58	57	49	48	47	42
20111105	土	京都	5	69	66	65	64	58	56	54	52	49	48	47
20120115	日	小倉	3	69	65	64	61	59	58	55	53	50	48	47
20120121	土	小倉	11	69	67	62	61	60	58	51	50	49	48	40
20120205	日	東京	11	69	68	64	63	61	58	52	51	50	49	48
20120428	土	東京	3	69	68	67	64	57	56	54	52	50	48	47
20121222	土	阪神	2	69	68	66	64	61	55	53	49	48	47	46
20130428	日	福島	7	69	66	65	64	62	59	52	51	50	49	48
20131208	日	中京	11	69	66	65	61	60	55	53	51	50	49	48
20140614	土	函館	9	69	67	66	63	59	58	51	50	49	48	47
★20140629	日	函館	1	69	68	66	61	60	59	53	50	49	48	41
20140823	土	新潟	2	69	68	63	61	58	57	56	53	52	49	46

飯田ハイパーと枠番コンピ

故・飯田雅夫氏のハイパーナビゲーションには、馬番コンピだけではなく、枠番コンピにまつわるセオリーもあった。というのも、飯田氏の日刊コンピ研究は、馬連導入前の枠連時代からスタートしていたから。

「馬番で傾向がつかめない場合は、枠番を見よ」が飯田氏の持論であり、1998年のデビュー作『飯田式日刊スーパーコンピ馬券術　ハイパーナビゲーション』(光文社) では、1位切りの要因として、下記の2点が提示されている。

●馬1位が1枠にいる場合（1位が消し）

●馬1、2位がともに同枠（1、2位ともに消し）

なお枠番コンピは、その枠にいる馬の馬番指数がそのまま反映されるもの（最も高い馬番指数が枠番指数になり、順位が決まる。下図参照)。実にシンプルといっていい。

●2017年7月16日福島10R鶴ヶ城特別の馬番・枠番コンピ

馬番	10R	❺	⑩	⑥	⑮	⑧	⑭	④	⑯	⑨	⑦	②	①	⑪	⑫	③	⑬
		88	65	64	57	55	54	53	51	50	49	46	44	43	42	41	40

枠番	10R	❸	⑤	⑧	④	⑦	②	①	⑥
		88	65	57	55	54	53	46	43

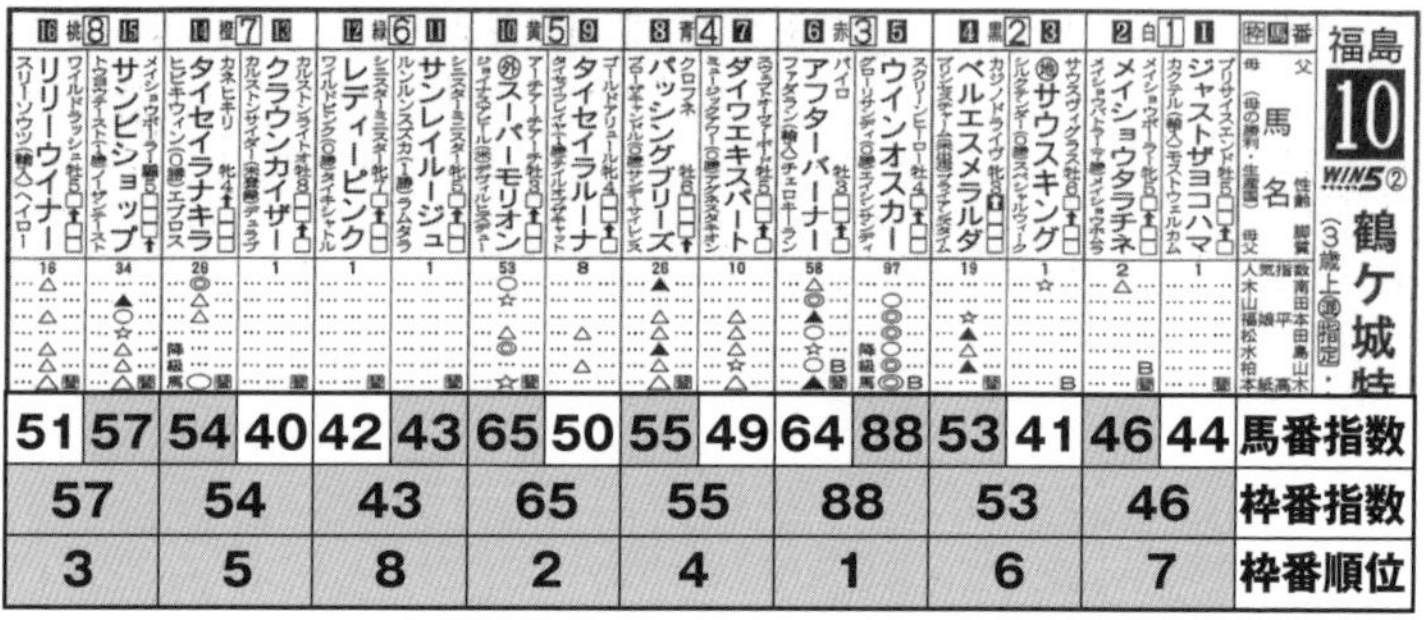

16	15	14	13	12	11	10	9	8	7	6	5	4	3	2	1	
51	57	54	40	42	43	65	50	55	49	64	88	53	41	46	44	馬番指数
57		54		43		65		55		88		53		46		枠番指数
3		5		8		2		4		1		6		7		枠番順位

第2章

スーパーヘビー級万券が待っている!
日刊コンピ ハイパーサーチ
3連単編

★1位90の1着付けで3～8万円の配当を攻略

1位90・2位61、60・3位60～58

▼3連単の基本買い目

1位90→5～8位→ヒモ

（ヒモは原則的に指数46以上）

▲このスタイルは3連単フォーメーションを表す（1着欄→2着欄→3着欄の順）。以下同

配当イメージ：3～8万円

●このパターンの総出現数…15レース

1位90の連対率80%　複勝率93%

12	13	14	15	16	17	18	配当
44	43	42	41	40			57110
46	45	44	43	42	41	40	44630
41	40						49180
43	42	41	40				54070
46	44	43	42	41			32950
44	43	42	41	40			64170
46	42	41	40				30820
46	42	41	40				70800
46	45	42	41	40			47980
46	43	42	41	40			33160
46	43	42	41	40			49690
44	43	42	41	40			58910

CLOSE UP!

★2015年12月20日中京7R（3歳上500万下、ダ1400m）

断トツ指数の1位90。馬連や3連複で高配当を狙うのは難しくても、3連単なら穴党でも狙い目がある。このレースは、1位90⑯コロマンデル（1番人気、単勝1.6倍）が差し切り勝ち。2着に5位55（10番人気）の裏SPG馬⑨アルディバイン、3着6位54（6番人気）⑬パリーアークと入線。リアルオッズで意外なほど人気のなかった2着馬の激走で、3連単は3万3160円の配当になった。

1着　2着　3着　総データ検索期間は2013年1月～17年6月

1位90のアタマ固定でオイシイ配当を狙う場合

3連単馬券の特性として当たり前だが、着順を固定できるかどうか、軸馬がハッキリしているかがカギとなる。そういった意味で、1位90のレースでは3連単を買いやすい。

1位90の勝率は約50％という状況であり、1着付けにしていれば的中する可能性も高いからだ。しかし、1位90は説明するまでもなく、圧倒的1番人気に推されているケースが大半。点数を絞らないと妙味のないケースや、低順位の馬が馬券に絡まないと3連単でも1万円未満になってしまう。

ただ、1位90が馬券になってもオイシイ3連単は出現する。該当する指数配列のレースは、3連単導入後60レースあった。そのうちの15レースで3連単の配当が3～8万円（未満）となっているのだ。1位90が馬券になって、3連単3万円以上の配当なら悪くないだろう。

15レース中1位90が勝利したのは10レースあり、馬券圏外に飛んだのはたったの1レースだ。3着で指数40や低順位の馬が馬券になることもあるが、1着が固定できるのは魅力だ。

1位90・2位61、60・3位60～58（3連単配当3～8万円、直近12例）

	日付・レース				1	2	3	4	5	6	7	8	9	10	11
	20081011	土	東京	7	90	61	60	58	56	55	54	53	52	46	45
	20081221	日	阪神	5	90	61	60	58	55	54	52	50	49	48	47
	20090621	日	札幌	10	90	61	60	58	57	56	55	50	48	47	42
	20100612	土	京都	6	90	61	60	59	58	55	54	48	46	45	44
	20120115	日	京都	9	90	60	59	57	56	55	54	50	49	48	47
	20120623	土	阪神	12	90	61	60	57	56	55	53	52	48	47	46
	20140323	日	阪神	3	90	61	58	57	55	54	53	52	51	50	49
	20150711	土	福島	2	90	61	59	58	57	56	55	51	50	48	47
	20151205	土	中京	3	90	60	59	57	55	54	52	51	50	48	47
★	20151220	日	中京	7	90	61	58	56	55	54	53	52	50	49	47
	20160111	月	中山	6	90	61	60	59	58	57	56	53	50	49	48
	20170401	土	中山	3	90	61	60	59	58	55	52	51	50	49	45

★１位88で10万円超のビッグ配当を狙う

1位88・5位56・10位49

▼３連単の基本買い目

7、8位→1～3位→ヒモ

1位―9位の2頭軸マルチ

(ヒモはいずれも原則的に指数46以上だが、5、6位は過去出現していない)

配当イメージ：10～30万円

●このパターンの総出現数…15レース

1位88の連対率40%　複勝率47%

12	13	14	15	16	17	18	配当
47	46	43	42	41	40		128660
47	46	40					172980
44	43	42	41	40			164900
42	41	40					267490
47	45	44	43	42	41	40	124920
47	46	42	41	40			100770
47	46	42	41	40			139470
47	46	43	41	40			169810
47	45	44	43	42	41	40	105540
47	46	42	41	40			155420
47	46	44	43	42	41	40	248100
47	43	42	41	40			150800

CLOSE UP!

★2017年6月4日阪神10R洲本特別（3歳上500万下、ダ1400m）

1位88は最高指数90からたった2低いだけだが、それでも波乱傾向が強まる。1位88が絡んでも高配当になるのが、この9位馬とのタッグマルチ馬券だ。1位88⑯ワンダーリデル（1番人気、単勝2.2倍）が順当勝ち。2着に12位47(13番人気)⑭メイショウボンロク、3着9位50（6番人気、PG馬）⑨サンビショップと入線。2、3着が低人気で3連単は15万800円に。

5、6位が弱く、7～9位が上昇気流

この指数配列は3連単がスタートしてから91レース出現している。そのうちの15レースで配当10～30万円（未満）となっている。約17％の確率で10万円以上の配当が狙えるのであれば、積極的にチャレンジしてみたいところ。

3連単10万円以上の配当ともなると、45以下の指数の馬や13～18位といった低順位の馬が勝利したり、馬券圏内に入っているイメージも強いと思う。……だが、指数45以下の馬が馬券になったのは、たったの1レースのみ。原則、指数46以上の馬をターゲットにしていれば、10万円超の3連単も夢ではないのだ。

また、5、6位も1頭も馬券になっていない。これだけ偏りが見られるのも珍しい。ポイントとなるのは7、8位。この2順位の馬が1着になり、1～3位が2着になるパターンの3連単フォーメーション馬券が一番獲りやすいはず。

また1位が馬券になる際は、9位との2頭軸になることも目立っている。どちらにしても7～9位の馬が活躍すると、3連単10万円超になりやすい。

1位88・5位56・10位49（配当10～30万円、直近12例）

	日付・レース				1	2	3	4	5	6	7	8	9	10	11
	20091114	土	東京	11	88	67	63	57	56	55	54	51	50	49	48
	20100417	土	中山	11	88	70	59	57	56	53	52	51	50	49	48
	20100912	日	中山	8	88	68	62	57	56	53	52	51	50	49	48
	20120311	日	中山	12	88	65	58	57	56	55	54	53	50	49	46
	20140511	日	京都	5	88	71	58	57	56	54	53	52	50	49	48
	20150621	日	東京	11	88	69	59	58	56	54	53	51	50	49	48
	20151012	月	東京	11	88	64	61	58	56	54	52	51	50	49	48
	20160214	日	京都	1	88	71	62	58	56	54	53	52	50	49	48
	20160327	日	中山	4	88	64	60	58	56	55	53	51	50	49	48
	20160529	日	京都	12	88	66	62	60	56	53	52	51	50	49	48
	20161120	日	東京	1	88	66	64	57	56	54	52	51	50	49	48
★	20170604	日	阪神	10	88	67	61	60	56	53	52	51	50	49	48

★１位86でうまくいったら配当20万円超！

1位86・5位59

▼３連単の基本買い目

４位―６位の２頭軸マルチ
６位―７位の２頭軸マルチ

（ヒモはいずれも８位以内）

押さえ：７位の１頭軸マルチ（ヒモは１～６位）

配当イメージ：５～ 25 万円

●このパターンの総出現数…15 レース

１位 86 の連対率 20%　複勝率 47%

12	13	14	15	16	17	18	配当
46	42	41	40	消			51440
42	41	40					238670
42	41	40					129480
44	41	40					65050
42	41	40					59100
							166660
44	43	42	41	40			52330
41	40						63730
44	43	42	41	40			58270
44	43	42	41	40			147400
46	45	44	43	42	41	40	233390
44	43	42	41	40			53250

CLOSE UP!

★ 2015 年４月 12 日阪神 11 Ｒ桜花賞（ＧⅠ、芝 1600 m）

今、思い返すとこのレースが該当していたとは……。１位 86 の⑧ルージュバック（１番人気、単勝 1.6 倍）は８着に沈没。１着は逃げ切った４位 60（５番人気）⑥レッツゴードンキ。２着に６位 56（７番人気）⑦クルミナルと４－６位のマルチが成立。３着は８位 54（８番人気）①コンテッサトゥーレ。２番人気⑮ココロノアイ、３番人気⑬クイーンズリングも圏外で、３連単は 23 万 3390 円とビッグ配当に。

6、7位を馬券にどう活かすか

この指数配列に該当するレースは意外と少なく、3連単導入以降66レースしかない。そのうちの15レースが3連単5～25万円のゾーンに収束している。やや幅広い値だが、下の表の通り、出現の偏りが見られるのがポイントだ。

まず注目したいのが4、6位がセットで出現するパターン。2つ目は7位を中心とした馬券だ。15レース中、4、6位が2頭同時に馬券へとなったのは4レースあった。また6、7位の組み合わせも4レースで出現。2通りの2頭軸マルチ2組が購入候補だ。

さらに余裕があれば、7位を1頭軸マルチにして1～6位をヒモにした馬券だ。7位は15R中7レースで馬券になっているが、8位以下の馬が馬券になったのはたったの1レースのみ。

相手6頭の1頭軸の場合、点数が90点になってしまうのはネックだが、14年2月1日京都7Rのように6位57→7位49→3位61という順で決着し、3連単16万6660円の配当になった例もある。7位以内の3頭で3連単16万円なら悪くないだろう。

1位86・5位59（3連単配当5～25万円、直近12例）

	日付・レース			1	2	3	4	5	6	7	8	9	10	11
	20111126	土	東京	8	86	62	61	60	59	58	55	53	50	48	47
	20111218	日	中山	7	86	63	62	61	59	54	52	51	50	47	46
	20120901	土	新潟	4	86	66	63	60	59	54	52	50	48	47	46
	20130216	土	京都	11	86	66	61	60	59	55	53	49	47	46	45
	20131013	日	東京	12	86	66	61	60	59	53	52	51	50	47	43
	20140201	土	京都	7	86	63	61	60	59	57	49	47	46	40	
	20140504	日	東京	1	86	63	61	60	59	56	55	51	50	47	45
	20140907	日	新潟	10	86	64	63	60	59	54	53	50	48	47	46
	20150111	日	中山	6	86	65	62	61	59	54	53	49	48	47	46
	20150308	日	中山	8	86	62	61	60	59	58	54	52	48	47	46
★	20150412	日	阪神	11	86	64	63	60	59	56	55	54	50	49	47
	20160228	日	小倉	1	86	65	63	60	59	57	54	53	50	49	45

★１位85で配当50万円！も望める攻略法

1位85・2位69〜66

▼３連単の基本買い目

5、6位→10〜12位→ヒモ

（ヒモは手広く）

押さえ：馬単1〜6位（2位はカット可）→10〜12位

配当イメージ：30〜50万円

●このパターンの総出現数…13レース

1位85の連対率15%　複勝率23%

12	13	14	15	16	17	18	配当
							346640
44	43	42	41	40			303180
44	43	42	41	40			410350
47	46	42	41	40			404420
							394270
43	42	41	40				420690
48	47	46	41	40			328280
46	41	40					309640
46	45	44	43	42	41	40	378290
40							344170
46	45	43	42	41	40		347310
48	47	46	41	40			400130

CLOSE UP!

★2015年5月10日京都11R鞍馬S（OP、芝1200m）

１位85は②マコトナワラタナ。１番人気にも支持されてはいるが単勝オッズは4.1倍と信頼度はイマイチ。結果的に７着に沈む。１着は外から差し切った６位53（10番人気）の裏ＰＧ馬⑧スギノエンデバー。16着→８着→11着と冴えない着順で、予想以上に人気を落としていたのだろうが、コンピのジャッジは正しかった。２着に11位47（５番人気、こちらはＳＰＧ馬）①ルチャドルアスール、３着４位55（６番人気）⑨ワキノブレイブで、３連単は30万9640円！

3連単も馬単も10～12位の2着付けがポイント

この指数配列で、3連単配当が30～50万円（未満）となったレースは13レース存在した。この配当ともなると、さすがに低順位かつ指数下位の馬が馬券になることが目立っている。

ただ、1着は13レースのうち5位が3勝、6位が4勝という具合。もちろん、他の順位の馬が勝つことも少なくないが、配当と効率を考えると5、6位を1着付けにした3連単で攻めたい。

2着には思い切って10～12位を推す。1着5、6位↓2着10位～12位であれば、的中した場合、最低でも10万円以上の配当だろうし、ここでターゲットとしている30～50万円（未満）の配当を超える馬券になる可能性すらある。

押さえとしては10～12位を2着付けにした馬単。1着欄には1～6位（過去2位の1着はなく、絞るならカット可）、2着に10～12位。これもかなりの万馬券が狙える。09年1月24日中京12Rでは指数最下位の11位が2着だったとはいえ、5位↓11位の決着で馬単は5万2550円だった。

1位85・2位69～66（3連単配当30～50万円、直近12例）

	日付・レース				1	2	3	4	5	6	7	8	9	10	11
	20090124	土	中京	12	85	68	64	60	55	54	51	48	46	42	40
	20090215	日	小倉	11	85	67	62	60	53	52	51	50	49	47	46
	20100130	土	京都	6	85	66	61	57	53	52	51	49	48	47	45
	20110110	月	中山	1	85	66	63	58	57	56	52	51	50	49	48
	20120610	日	阪神	10	85	66	65	64	55	54	52	47	46	41	40
	20120818	土	新潟	2	85	66	65	57	56	55	54	53	48	47	44
	20140504	日	東京	11	85	66	65	56	55	54	53	52	51	50	49
★	20150510	日	京都	11	85	66	63	55	54	53	52	51	50	48	47
	20150712	日	中京	9	85	66	62	58	55	54	53	52	50	49	47
	20151128	土	京都	5	85	66	62	58	57	55	53	51	48	47	42
	20160105	火	京都	11	85	68	64	59	55	52	51	50	49	48	47
	20161001	土	中山	1	85	69	62	61	55	54	53	52	51	50	49

★１位83で５～10万円の３連単に王手をかける

1位83・2位71～68・3位69～65

▼３連単の基本買い目

２～４位→２～４位→ヒモ

（ヒモは 10 位以内）

押さえ：２～４位→ヒモ→２～４位（ヒモは 10 位以内）

配当イメージ：５～ 10 万円

●このパターンの総出現数…20 レース

１位 83 の連対率 25%　複勝率 40%

12	13	14	15	16	17	18	配当
42	41	40					58430
42	41	40					85860
46	44	43	42	41	40		52930
48	47	46	43	42	41	40	99930
40							52500
42	41	40					52820
							73010
							68510
45	42	41	40				66660
47	46	42	41	40			53010
							50230
41	40						57840
51	50	49	48	47	46	40	60990

CLOSE UP!

★ 2015 年８月１日小倉１Ｒ（２歳未勝利、芝 1200 m）

このレースは８頭立て。それで３連単が６万馬券になろうとは……。１位 83（１番人気、単勝 1.7 倍）④クリノセゴビアは４着と馬券に届かず。１着は逃げ切った４位 60（２番人気）②ファビラスヒーロー。２着に３位 65（３番人気）⑤ゼットフーリ、３着８位 42（８番人気）⑧シゲルシロアマダイで、３連単は６万 8510 円。ちなみに３、４着が入れ替わっていたら 52.6 倍だった……。

2~4位を馬券の軸に据えたい

この指数配列では、1位83という指数のわりに、新聞の予想欄では上位馬に印が散らばっている傾向がある。

もちろん、1位も馬券にならないわけではないが、浮上するのが2~4位の3頭だ。原則としてはこの3頭を1、2着に置いた3連単がベター。

点数を絞るのであれば、2位&3位、3位&4位を1、2着に置いた3連単フォーメーションを購入すると、3分の2の点数で済む（2位&4位をカット）。この並びで配当が5~10万円（未満）となったのは20レースあったが、すべて10位以内の3頭で決着しており、ヒモの点数もそれほど広がらないはずだ。

資金に余裕があれば、2位&3位、3位&4位、2位&4位の2頭軸マルチも考えられる。

また応用技としては、1位の2、3着付けの3連単フォーメーションという手もありそう。1位83は20レース中1着が1回しかないが、2着3回・3着4回という成績だった。

1位83・2位71～68・3位69～65（3連単配当5～10万円、直近12例）
※最下段2017年6月10日東京12Rは実践編で後述

	日付・レース				1	2	3	4	5	6	7	8	9	10	11
	20130330	土	阪神	12	83	69	67	57	55	54	52	49	47	46	43
	20130428	日	東京	4	83	70	68	58	54	53	52	51	50	49	47
	20131006	日	新潟	1	83	68	66	60	55	53	52	51	50	48	47
	20141013	月	東京	12	83	69	67	60	55	54	53	52	51	50	49
	20141026	日	東京	11	83	70	68	56	54	53	51	50	49	48	47
	20150111	日	京都	2	83	70	67	58	55	53	50	49	46	44	43
	20150607	日	阪神	5	83	71	65	57	54	52	51	50	41	40	
★	20150801	土	小倉	1	83	70	65	60	55	46	43	42			
	20151003	土	阪神	2	83	68	66	56	55	54	50	49	48	47	46
	20160227	土	阪神	4	83	69	68	59	56	54	53	52	50	49	48
	20160827	土	札幌	2	83	72	65	59	52	49	47	42	40		
	20161210	土	中京	6	83	70	67	58	53	52	51	50	49	48	46
	20170610	土	東京	12	83	71	69	59	58	57	56	55	54	53	52

★１位83でターゲット配当は10〜30万円

1位83・2位69、68
(16頭立て)

▼３連単の基本買い目
２位—５位の２頭軸マルチ
(ヒモは指数 52 以下)
押さえ：２、９位→２、９位→ヒモ（ヒモは手広く）
配当イメージ：10 〜 30 万円

●このパターンの総出現数…17 レース

1 位 83 の連対率 20%　複勝率 20%

12	13	14	15	16	配当
46	43	42	41	40	201790
47	46	42	41	40	160780
44	43	42	41	40	118530
46	43	42	41	40	255810
46	43	42	41	40	185750
46	45	42	41	40	195180
47	46	42	41	40	124980
48	47	42	41	40	158760
46	43	42	41	40	275760
47	46	42	41	40	182730
44	43	42	41	40	288660
44	43	42	41	40	193690

CLOSE UP!

★2013 年４月７日福島９Ｒ（４歳上 500 万下、ダ 1150 m）

直近 12 レースの中で＜基本買い目＞に沿うのが、このレースだけなので必然的にピックアップすることとなった。１着５位 56（５番人気）⑤ミラクルピッチ、２着 10 位 48（９番人気）⑭クラウンカイザー、３着２位 69（２番人気）⑥トウカイチャームと入線。３連単は人気薄の２着馬の激走で 18 万 5750 円。こうした馬券はマルチで狙うのが最適。もしくは２、５位→２、５位→ヒモ、２、５位→ヒモ→２、５位といった２通りのフォーメーションだろう。

2位と比較的相性がいい5、9位

30万円の配当が望めるとなるレースは、さすがに出現傾向がバラバラになりがちだ。しかし、この指数配列で16頭立てを満たすレースでは、ある程度、傾向もつかみやすい。

下の表は直近12例をピックアップしているが、該当するのは全部で17レースあった。そのうち2位が7レースで、3位が8レースで馬券になっている。17レース中、2位とよく出現しているのが5位と9位だ。まずは2、5位の2頭軸マルチで、ヒモを指数52以下にした馬券を考えたい。

指数40（つまり16位）の出現はないものの、ヒモは手広く流すことをオススメする。2頭軸マルチの場合、ヒモが10頭でも点数は60点になる。1頭減らせば54点というように、6点ずつ減っていくが、10万円以上の配当を考えると手広く構えるのが良策だろう。

的中率は限りなく低くなるが、点数を絞るのであれば1、2着に2、9位、そして3着に10頭程度を置くフォーメーション。最大でも20点で済むし、指数下位の馬が3着に入ればハネ上げる。

1位83・2位69、68・16頭立て（3連単配当10〜30万円、直近12例）

	日付・レース				1	2	3	4	5	6	7	8	9	10	11
	20101120	土	福島	11	83	69	66	59	54	53	52	51	50	49	47
	20110306	日	中山	2	83	69	62	59	58	54	52	51	50	49	48
	20120520	日	京都	1	83	68	63	62	57	55	50	49	47	46	45
	20130309	土	中山	6	83	69	68	57	54	53	52	51	50	49	48
★	20130407	日	福島	9	83	69	62	57	56	55	54	52	51	48	47
	20130803	土	函館	4	83	68	63	56	55	54	53	52	50	48	47
	20140113	月	中山	8	83	68	65	58	54	53	52	51	50	49	48
	20140202	日	東京	11	83	68	67	56	55	54	53	52	51	50	49
	20140629	日	東京	4	83	69	65	61	54	53	52	51	50	49	47
	20141011	土	東京	8	83	69	59	58	57	56	54	53	50	49	48
	20160321	月	中山	5	83	69	60	59	58	56	55	53	49	46	45
	20160625	土	函館	1	83	68	67	57	56	54	53	52	51	46	45

★1位82で30万円馬券にチャレンジ！

1位82・2位75〜72・8位52

▼3連単の基本買い目

2〜4位→ヒモ→5位

(ヒモは指数46以上)

押さえ：1位→6、7位→ヒモ

押さえ：6、7位→1位→ヒモ

(いずれもヒモは5位以下、指数46以上)

配当イメージ：10〜30万円

●このパターンの総出現数…12レース

1位82の連対率33%　複勝率33%

12	13	14	15	16	17	18	配当
47	45	44	43	42	41	40	155750
48	47	42	41	40			183380
46	43	42	41	40			240280
41	40						143300
43	42	41	40				103080
46	45	44	43	42	41	40	189850
46	44	42	41	40			173050
48	47	46	43	42	41	40	271280
46	45	44	43	42	41	40	149910
48	47	46	41	40			113680
48	47	46	40				246820
46	45	44	43	42	41	40	104000

CLOSE UP!

★2016年9月25日中山12R（3歳上500万下、ダ1800m）

2、4、5位3頭で3着まで占めて、3連単は11万馬券にもなった稀有の例。1位82(1番人気、単勝3.4倍)③ピアシングステアは11着撃沈。1着に4位56（4番人気）⑩ケンベストカフェ、2着2位74（2番人気）⑯クラシコ。そして5位55⑮ワイドリーザワンがきっちり3着。この3着馬がリアルオッズでは9番人気という裏PG馬だったのが、3連単11万3680円の要因だろう。

2、4位アタマで、5位が3着付け

この指数配列は、3連単導入以降67レースで出現している。そのうちの12レースで3連単の配当が10～30万円（未満）を示しているのだ。

10万円以上の配当となると、一般的に消しとされる45以下の指数も馬券になることが珍しくはないものの、ここでは46以上の馬しか3着以内に入っていない。点数を絞るためにも指数45以下は切ってしまってOKだ。

面白いのは5位の3着付けだろう。5位は12レース中5レースで馬券になっているが、すべて3着になっている。2位～4位→ヒモ（指数46以上）→5位という3連単フォーメーション馬券が挙げられる。配当を考えると、2着のヒモは5位以下にする手もある。

押さえ馬券としては1位絡みのフォーメーションを推奨。1着付けの相手を6、7位としたもので、ヒモは5位以下（指数46以上）としたい。例示したように2組購入しても20～40点程度で済むのがポイントだ。

3連単で高配当に挑む場合、どうしても購入点数は増えてしまいがちだが、ある程度の投資は仕方がないだろう。

1位82・2位75～72・8位52（3連単配当10～30万円）

	日付・レース				1	2	3	4	5	6	7	8	9	10	11
	20070210	土	小倉	12	82	75	62	56	55	54	53	52	51	50	49
	20071028	日	東京	11	82	75	63	57	55	54	53	52	51	50	49
	20091213	日	中山	3	82	75	60	56	55	54	53	52	51	48	47
	20100925	土	中山	5	82	72	62	56	55	54	53	52	49	48	46
	20121215	土	中山	9	82	72	63	58	55	54	53	52	49	47	46
	20140329	土	中京	12	82	73	59	56	55	54	53	52	51	49	48
	20160227	土	阪神	7	82	73	60	58	57	56	55	52	50	48	47
	20160703	日	中京	3	82	75	58	56	55	54	53	52	51	50	49
	20160813	土	小倉	4	82	74	61	57	56	55	53	52	49	48	47
★	20160925	日	中山	12	82	74	61	56	55	54	53	52	51	50	49
	20170117	火	京都	9	82	73	66	56	55	54	53	52	51	50	49
	20170604	日	東京	4	82	75	62	57	56	54	53	52	49	48	47

★１位81で３連単配当３～10万円を狙う

1位81・6位54～10位50（１減並び）

▼３連単の基本買い目
1、3位→1、3位→ヒモ　1、3位→ヒモ→1、3位
2、3位→2、3位→ヒモ　2、3位→ヒモ→2、3位
(ヒモはいずれも6～11位)
配当イメージ：3～10万円

●このパターンの総出現数…20レース

1位81の連対率55%　複勝率60%

12	13	14	15	16	17	18	配当
48	47	42	41	40			91110
48	47	46	41	40			66890
46	43	42	41	40			51950
47	45	44	43	42	41	40	91120
48	47	46					38110
48	47	46	41	40			92660
44	43	42	41	40			68110
48	45	44	43	42	41	40	32760
48	47	46	41	40			30980
48	47	46	43	42	41	40	84350
48	47	46	41	40			35070

CLOSE UP!

★2017年1月21日京都11Ｒすばる
Ｓ（ＯＰ、ダ1400ｍ）

基本的にヒモがどれだけ人気薄かで、配当のアップダウンが決まるパターンだ。直近のこのレースでは、1着3位67（２番人気）⑫スマートアヴァロン、２着2位70（１番人気）⑤ブラゾンドゥリスで＜基本買い目＞通りの入線。そして３着に7位53⑧マッチレスヒーローが飛び込んだ。この３着馬がリアルオッズで11番人気という裏ＰＧ馬で、３連単３万5070円の立役者となった。

4つのフォーメーションで計48点なら……

先述したように飯田ハイパーでは、1減並びが長く伸びれば伸びるほど、波乱サインとしているが……この指数配列の場合、3連単ベースでは穏当な配当に収まるケースが少なくない。

3連単導入以降、この並びでは78レース出現しているが、そのうちの20レースが3～10万円（未満）だった。この配当ゾーンのレースでは、非常にハッキリした傾向が出ている。

まずは、1、2位が3着以内に入る際は、ほぼ連対以上の成績を残しているが、同時に2頭馬券になったレースはなかった。基本的には1位または2位を1、2着にマークした馬券が主軸だ。相手はどちらの場合でも3位が主力となる。ただ、1位&3位、2位&3位セットで買う際、ヒモは6位以下が原則となる。

20レース中12位以下が馬券になった例は1レースのみなので、ヒモは6～11位に絞り込む。〈基本買い目〉のような組み合わせであれば、1200円×4組＝4800円の投資となる。3万円以上の配当になることが前提なら、オイシイ馬券のはず。

1位81・6位54～10位50（1減並び）（3連単配当3～10万円、直近11例）

	日付・レース				1	2	3	4	5	6	7	8	9	10	11
	20080316	日	中山	10	81	70	68	58	55	54	53	52	51	50	49
	20091004	日	中山	11	81	76	59	57	55	54	53	52	51	50	49
	20101114	日	東京	6	81	72	58	57	56	54	53	52	51	50	48
	20110731	日	新潟	5	81	71	62	56	55	54	53	52	51	50	48
	20121117	土	東京	8	81	70	62	56	55	54	53	52	51	50	49
	20130203	日	東京	3	81	77	66	56	55	54	53	52	51	50	49
	20131223	月	中山	2	81	80	60	56	55	54	53	52	51	50	49
	20140830	土	新潟	1	81	68	66	58	55	54	53	52	51	50	49
	20150502	土	新潟	5	81	70	68	56	55	54	53	52	51	50	49
	20160918	日	阪神	7	81	77	61	56	55	54	53	52	51	50	49
★	20170121	土	京都	11	81	70	67	57	56	54	53	52	51	50	49

★１位81で最大40万級のバクダン配当攻略

1位81・2位65、64

▼３連単の基本買い目

３位―６位の２頭軸マルチ

（ヒモは８位以下）

６位―８位の２頭軸マルチ

（ヒモは指数 46 以上）

６位―指数46 の２頭軸マルチ

（ヒモは５位以内）

押さえ：馬単２～６位ボックス

配当イメージ：20 ～ 40 万円

●このパターンの総出現数…14 レース

１位 81 の連対率 14%

複勝率 14%

12	13	14	15	16	17	18	配当
46	43	42	41	40			344930
46	42	41	40				302400
45	41	40					261490
44	43	42	41	40			297310
45	44	43	42	41			255550
41	40						268890
47	46	43	42	41	40		297230
48	46	42	41	40			389800
							319670
45	44	43	42	40			345380
46	41	40					239540
46	41	40					325030

CLOSE UP!

★2014 年９月 21 日新潟 10 Ｒレインボー S（３歳上 1600 万下、芝 2000 m）

指数 46 馬が激走、大穴をあけるケースがしばしば。このレースでも 10 位 46（10 番人気）①ネオブラックダイヤがまさかの逃げ切り。11 頭立てだからコンピ、リアルオッズともブービー順位（人気）だった。２着１位 81（１番人気）④ファントムライト、３着に６位 57（４番人気）③マイネルディーン。少頭数、しかも２着は１位馬でも３連単は 31 万 9670 円となったのだ。

6位軸のマルチ戦略でメガトンパンチ

前項からの引き続きとなるが、1位81となるレースでは、約25％の確率で3連単の配当が10万円以上となる。そのうちの約30％が20～40万円（未満）という配当なのだ。

この指数配列で配当が20～40万円（未満）では14レース出現している。基本的には3、6位の2頭軸マルチをオススメするが、3位は直近4例で出現していないのは気がかりではある。

ただ、思い切って6位を軸にする際は相手が難しい。ひとつ目は6、8位の2頭軸マルチ。14レース中2レースの的中に留まるが、配当を考えれば買う価値はあるだろう。2つ目は6位と指数46の2頭軸マルチだ。こちらも2レースの的中になるが、配当を考えれば手を広げるのも戦略のひとつだ。

押さえの押さえで買う価値がありそうなのが、2～6位の馬単ボックス（計20点）。馬単レベルでも万馬券になることが大半。投資金額を考えると、3連単2頭軸マルチをいずれか1組購入し、馬単を押さえておくのがベターだろう。

1位81・2位65、64（3連単配当20～40万円、直近12例）

	日付・レース				1	2	3	4	5	6	7	8	9	10	11
	20100206	土	中京	11	81	64	62	59	56	52	51	50	49	48	47
	20101120	土	福島	3	81	64	63	57	56	54	53	52	51	50	49
	20110903	土	札幌	10	81	65	64	63	57	52	51	49	48	47	46
	20120212	日	東京	3	81	65	64	62	61	54	53	50	47	46	45
	20120303	土	阪神	10	81	64	61	58	56	55	53	52	50	48	47
	20130922	日	阪神	2	81	64	61	60	57	55	54	53	51	47	42
	20131006	日	新潟	11	81	65	63	60	58	55	53	51	50	49	48
	20140210	月	東京	3	81	64	63	59	57	54	53	52	51	50	49
★	20140921	日	新潟	10	81	65	64	61	58	57	56	48	47	46	40
	20141005	日	阪神	12	81	64	62	59	58	57	52	51	50	48	46
	20141207	日	中山	11	81	65	63	62	56	54	53	52	50	49	48
	20160619	日	函館	6	81	65	64	63	56	53	52	50	49	48	47

★１位80でヘビー級未満？の15万馬券にアタック

1位80・5位57、56・12位46

▼３連単の基本買い目

２位→８位→ヒモ（ヒモは14位以内）

６、７位→２位→ヒモ（ヒモは14位以内）

押さえ：馬単２位軸マルチ（ヒモは３～13位）

配当イメージ：８～15万円

●このパターンの総出現数…16レース

1位80の連対率13%　複勝率19%

12	13	14	15	16	17	18	配当
46	45	44	43	42	41	40	123100
46	43	42	41	40			97640
46	45	42	41	40			91210
46	45	44	41	40			100930
46	45	44	43	42	41	40	106120
46	44	43	42	41	40		84620
46	43	42	41	40			95620
46	43	42	41	40			86980
46	45	44	43	42	41	40	95410
46	44	42	41	40			132480
46	43	42	41	40			100860
46	45	44	43	42	41	40	143060

CLOSE UP!

★2015年1月25日京都10R五条坂特別（４歳上1000万下、ダ1800m）

２位馬が断然のパターン。このレースでも、２位74（１番人気）①マスクゾロが先行快勝。２着にはセオリー通りの８位51（９番人気）⑧サンタイズホーム。３着９位50（７番人気）⑦フェリーチェレガロ。３連単は13万2480円。馬単も２位（１番人気）アタマだが、7570円とまずまずの配当になった。

連対圏なら2位に任せろ！

3連単の配当が8～15万円（未満）と、まずまずの金額を示しているレースで、これほど、軸が決めやすいハイパーもそうはないだろう。

この指数配列で配当イメージに合致するレースは16レース出現している。そのうちの13レースで2位が馬券になっているのだ。その13レースも1着4回・2着8回・3着1回というように、ほぼ連対圏が望める。

2位が1着の場合は、2着に8位を原則として置きたい。的中率はともかく、点数を絞ることが可能だ。3着のヒモは、人気薄を含めてなるべくマークしておくこと。

2位の2着付けを購入する手も一考の余地がある。その際は、1着に指数下位の馬も馬券になるケースがあり6、7位の馬を置こう。3着欄は手広くが原則だ。

押さえの押さえとして2位を1頭軸にした馬単マルチ馬券をオススメする。相手は3～13位の11頭（14位が馬券になったのはすべて3着のため）。22点買いとなるが、馬単万馬券になるケースも珍しくない。

1位80・5位57、56・12位46（3連単配当8～15万円、直近12例）

	日付・レース				1	2	3	4	5	6	7	8	9	10	11
	20091220	日	阪神	11	80	68	60	57	56	55	51	50	49	48	47
	20100214	日	東京	5	80	68	64	61	57	55	54	53	49	48	47
	20100411	日	中山	9	80	66	63	58	57	56	54	50	49	48	47
	20100515	土	東京	12	80	69	63	58	57	55	53	50	49	48	47
	20100815	日	新潟	6	80	79	59	58	57	56	51	50	49	48	47
	20110710	日	中山	11	80	68	64	57	56	54	53	52	51	50	49
	20120218	土	東京	1	80	69	66	58	57	55	54	50	49	48	47
	20121110	土	福島	2	80	74	59	58	57	56	55	54	49	48	47
	20130310	日	中京	8	80	70	67	57	56	53	52	50	49	48	47
★	20150125	日	京都	10	80	74	63	61	56	54	52	51	50	49	48
	20160207	日	東京	9	80	65	62	58	57	56	55	54	49	48	47
	20160227	土	小倉	7	80	64	60	58	57	55	53	52	51	50	47

★1位80でスーパーヘビー級50万配当を目指す！

1位80・3位70〜65（16頭立て）

▼3連単の基本買い目

3、11位→3、11位→ヒモ

3、11位→ヒモ→3、11位

（いずれもヒモは指数46以上）

指数52→2、5位→ヒモ

（ヒモは3位以下）

押さえ:馬単　指数52の1着付け流し（ヒモは11位以内）

配当イメージ：30〜50万円

●このパターンの総出現数…16レース

1位80の連対率6％　複勝率6％

12	13	14	15	16	配当
48	47	46	41	40	317170
46	43	42	41	40	300530
47	46	42	41	40	382200
46	43	42	41	40	479230
44	43	42	41	40	320880
46	43	42	41	40	316100
44	43	42	41	40	351740
44	43	42	41	40	349610
46	43	42	41	40	380580
45	44	43	42	40	380530
45	44	43	41	40	388680

CLOSE UP!

★2015年3月22日中京3R（3歳未勝利、ダ1200m）

大穴のポイントは本文にもあるように11位。好相性の3位とのセットで超万馬券を狙うのがセオリー。このレースでは、3位65（5番人気）⑯ヤマニンシャンデルが5馬身差の楽勝。2着にキーホースの11位46（9番人気）⑭メイスンヴィーナス、3着7位50（6番人気）⑮ナリタサウスと入線。3連単は38万530円。3連複も6万馬券になっている。

11位、そして指数52が大駆けポイント

　この指数配列で30～50万円（未満）になったのは16レース。そのうちの6レースで3、5位が馬券圏内をキープしている。まずは下の直近例で優勢な3位を抜擢し、2頭軸マルチを押さえたい。相手は下位の11位でいいだろう。右の買い目のように、3、11位がペアのフォーメーション2通りで3レースが的中する。

　3、10位の2頭軸マルチまでも押さえると、さらに的中率がアップするが、これは資金に余裕があればの話。

　ピックアップしたいのは指数52だ。52は16レース中5レースで馬券になっているが、そのうち4レースで1着となっている。指数52が1着のレースの3連単平均配当は30万円強という具合（14年以降）。つまり52が1着になる時点で、3連単は超特大配当が期待できるのだ。

　指数52の勝率は4・1%と低い値だが、波乱が見込めそうなレースでは積極的に1着にマークしておきたい。指数52が1着付けの馬単も併せて押さえておけば完璧だ。

1位80・3位70～65・16頭立て（3連単配当30～50万円、直近11例）

	日付・レース				1	2	3	4	5	6	7	8	9	10	11
	20090502	土	新潟	3	80	68	66	59	56	54	53	52	51	50	49
	20091003	土	中山	11	80	74	66	56	55	54	52	51	50	49	47
	20100321	日	中山	7	80	68	66	64	54	53	52	51	50	49	48
	20110305	土	小倉	11	80	68	67	56	54	52	51	50	49	48	47
	20120505	土	新潟	6	80	71	66	56	55	54	53	52	51	48	46
	20130113	日	中山	8	80	70	65	60	59	52	51	50	49	48	47
	20130720	土	福島	4	80	71	70	57	56	54	52	51	49	48	47
	20140301	土	中山	5	80	70	68	58	56	55	54	51	49	46	45
	20140412	土	中山	12	80	73	68	55	54	53	52	51	50	49	48
★	20150322	日	中京	3	80	68	65	64	57	51	50	49	48	47	46
	20151010	土	京都	4	80	71	66	58	54	53	51	50	49	48	46

★１位79で10〜30万馬券にチェックメイト！

1位79・2位77、76・3位61〜58

▼３連単の基本買い目

２位—11 位の２頭軸マルチ
２位—12 位の２頭軸マルチ
(いずれもヒモは３位以下)

配当イメージ：10 〜 30 万円

●このパターンの総出現数…11 レース

１位 80 の連対率０％　複勝率 18%

12	13	14	15	16	17	18	配当
47	46	44	43	42	41	40	106980
46	45	44	43	42	41	40	280780
47	46	44	43	42	41	40	105120
44	43	42	41	40			265060
46	45	44	43	41			230690
45	44	40					194960
48	47	46	40				164630
44	43	42	41	40			124620
42	41	40					166240
							149470
46	43	42	41	40			148670

CLOSE UP!

★ 2013 年６月 23 日阪神９Ｒ出石特別（３歳上 1000 万下、芝 1200 m）

１、２位が指数的にはかなり拮抗している状況だが、このパターンでは圧倒的に２位に軍配が上がる。下位で激走するのは 11､12 位。このレースは、１着が２位 77（２番人気）⑨メイショウイザヨイ、２着 12 位 44（11 番人気）⑮エーシンシャラク、３着１位 79（１番人気）⑭ビキニブロンドと入線。１位が３着にくい込んでも３連単は 12 万 4620 円と 10 万超えを果たした。

拮抗する1、2位だが、軍配は断然2位！

この指数配列は、例えば新聞の予想欄では1、2位馬に印がある程度集中している状況。しかも3位以下にも印が散らばっている可能性が高い。2強で堅く決まるレースもあるが、波乱も……。

ただ、1位が70台、2位も70台の場合、かなりの確率で2位が馬券になることが目立つというのはコンピ・マニアの常識だろう（日刊スポーツ紙上でも白ヌキ推奨馬が2位になっているケースが目立つ）。

この並びで3連単の配当が10～30万円（未満）に合致したレースは11レースあったが、そのうちの8レースで2位が3着以内に入っている。

一方で1位が馬券になったのは2レースあったが、ともに3着だった。つまり、1位79の連対は考えなくていいということ。2位を軸に3連単10万円超の配当を狙うのであれば、1位を購入する必要はほとんどないのだ。2位の相手には思い切って、11、12位を取り上げる。11レース中7レースが的中した計算だ。

ヒモは3位以下としているが、点数を絞るため、出現していない7、10、13～15位などカットする手もある。

1位79・2位77、76・3位61～58（3連単配当10～30万円）

	日付・レース				1	2	3	4	5	6	7	8	9	10	11
	20080726	土	新潟	12	79	77	61	58	54	53	52	51	50	49	48
	20090221	土	小倉	2	79	76	61	57	54	53	52	50	49	48	47
	20100718	日	新潟	5	79	77	60	59	55	54	53	52	50	49	48
	20101120	土	京都	12	79	76	58	57	56	55	54	50	49	47	46
	20120310	土	阪神	7	79	76	60	55	54	53	52	50	49	48	47
	20121028	日	京都	4	79	77	61	58	57	51	50	49	48	47	46
	20130406	土	福島	3	79	76	61	56	55	54	53	52	51	50	49
★	20130623	日	阪神	9	79	77	61	59	58	54	51	49	48	47	46
	20150328	土	中京	4	79	77	61	57	55	53	51	50	49	48	47
	20161023	日	東京	5	79	76	59	58	57	56	52	48	47	46	40
	20170205	日	京都	7	79	77	61	59	56	54	51	50	49	48	47

★１位78で５～15万馬券がターゲット

1位78・5位59・6位55、54

▼３連単の基本買い目

２位―10位の２頭軸マルチ

２位―指数50の２頭軸マルチ

(いずれもヒモは３～13位)

押さえ：２位―３位の２頭軸マルチ（ヒモは指数55～50）

配当イメージ：５～15万円

●このパターンの総出現数…18レース

１位78の連対率27%　複勝率39%

12	13	14	15	16	17	18	配当
48	47	46	41	40			128490
							88610
41	40						51100
42	41	40					80770
44	43	42	41	40			131140
46	45	44	43	42	41	40	61410
46	45	44	43	42	41	40	125060
46	43	42	41	40			51990
44	43	42	41	40			146350
46	43	42	41	40			103340
40							130350
47	46	42	41	40			98590

CLOSE UP!

★2013年11月24日東京４Ｒ（２歳新馬、芝2000ｍ）

さすがに１位が指数70台に落ちてくると、危険な人気馬となりやすい。ここも前項に引き続き２位が優勢となっている。このレースは、１着が２位65（３番人気）⑯クワトロガッツ、２着３位63（５番人気）⑥キネオペガサス、３着９位50（９番人気）③ハヤブサゴッドと入線。１、２番人気が飛んだためか、３連単は10万3340円と意外な高配当になった。

2位と下位の馬のタッグで好配当!

この指数配列は3連単導入後、70レースあった。そのうちの18レースが3連単5～15万円（未満）のレースに収まっている。下の直近12例では凡走することも増えている2位だが、18レース中11レースで3着以内をキープ。まずは2位からの馬券を考えたい。

相手には思い切って指数50または10位を推す。2位&指数50、2位&10位の2頭軸マルチ流しであれば、18レース中6レース的中していた計算となる。その際、ヒモは原則として3～13位でいいだろう。

14位以下は、18レースで1頭も馬券になっていない。さらに点数を絞るなら、1位をカットしたい。1、2位が同時に馬券になった例はないのだ。

マルチだと点数が増えてしまうということであれば、2位を2、3着付けにした馬券もあり。また、指数に関わらず枠の8位と同居した馬の連対例もない。

押さえ馬券としては2、3位の2頭軸マルチで、ヒモを指数55～50にしたもの。最大で36点で済むし、5～10万円前後の配当が望める。

1位78・5位59・6位55、54（3連単配当5～15万円、直近12例）

	日付・レース				1	2	3	4	5	6	7	8	9	10	11
	20100307	日	中山	6	78	72	61	60	59	54	53	52	51	50	49
	20100620	日	福島	5	78	66	62	60	59	55	54	49	48	46	
	20101204	土	中山	12	78	66	63	60	59	55	52	51	50	48	46
	20120303	土	中山	12	78	68	67	60	59	54	53	49	48	47	46
	20120512	土	京都	11	78	67	65	61	59	54	52	51	48	47	46
	20121222	土	阪神	8	78	67	64	63	59	55	52	51	50	49	48
	20130317	日	中京	3	78	69	65	61	59	54	52	51	49	48	47
	20130505	日	東京	1	78	69	64	63	59	54	53	52	49	48	47
	20130707	日	福島	4	78	66	65	60	59	55	54	53	49	47	45
★	20131124	日	東京	4	78	65	63	61	59	55	53	52	50	48	47
	20150621	日	函館	3	78	70	66	60	59	54	51	50	49	48	41
	20151114	土	福島	10	78	64	62	61	59	55	54	52	50	49	48

★１位77で最大20万馬券にアタック！

1位77・3位64～62・5位60～58・10位48

▼３連単の基本買い目

1、3位→9位→ヒモ

3位→1、2、9位→ヒモ

1位→2、3、9位→ヒモ

(いずれもヒモは13位以内)

配当イメージ：5～20万円

●このパターンの総出現数…14レース

１位77の連対率36%

複勝率43%

12	13	14	15	16	17	18	配当
44	43	42	41	40			154220
41	40						81120
46	43	42	41	40			53200
46	42	41	40				52840
43	42	41	40				154930
46	42	41	40				176290
46	43	42	41	40			173380
45	44	42	41	40			76120
40							183480
40							170490
43	42	41	40				81380
46	43	42	41	40			109880
46	45	44	43	42	41	40	131130

CLOSE UP!

★2014年12月21日阪神9R元町S（3歳上1600万下、芝1600m）

下位指数で激走するのは<基本買い目>のフォーメーションにも入っている９位。この順位と１～３位の組み合わせが的中へのカギだ。このレースは、１着が１位77（２番人気）⑩ヴァンセンヌ、２着９位49（11番人気）⑫ダローネガ、３着４位60（３番人気）②ウインプリメーラで決着。上位２頭が馬券に絡んだが、９位馬が２着に挟まり、３連単は８万1380円。これがアタマ差４着の⑤オツウ（８番人気）が３着だと、３連単は36万馬券だった。

1位77は3連単で好配当を狙えるチャンス

　1位77で3連単対象レースとなったのは、これまで1860レース。そのうちの486レースが配当5～20万円（未満）に収まっている。約25%、4レースに1レースの割合で、このゾーンの配当となっている計算だ。1位77を見たら、積極的に高配当を狙っていきたい。

　さらに、この指数配列で絞ると14レースが該当。1位が1着になる組み合わせ、9位が2着になる組み合わせ、3位が1、2着になる組み合わせの3パターンが主力となっている。

　オススメは9位の2着付け3連単。その1着には1位か3位をマークしよう。

　次いで3位を1着にした馬券。2着は9位が主力だが、1、2位も拾っておこう。3着にはなるべく6～12位の馬を置きたい。

　1位を1着にマークする3連単では2着欄にはやはり9、2、3位といったところが主力。下の表では買い目の並びではそれほど決まっていないが、出現数の多い順位なので、ここは期待したい。

1位77・3位64～62・5位60～58・10位48（3連単配当5～20万円、直近13例）
※最下段2017年3月5日小倉3Rは実践編に後述

	日付・レース				1	2	3	4	5	6	7	8	9	10	11
	20050409	土	中山	11	77	71	62	59	58	57	52	51	49	48	46
	20080720	日	函館	8	77	70	62	61	58	56	51	50	49	48	42
	20090117	土	中京	12	77	73	63	62	58	54	51	50	49	48	47
	20090131	土	東京	2	77	68	63	61	59	56	54	52	49	48	47
	20090509	土	東京	10	77	66	63	62	60	58	52	51	49	48	47
	20091114	土	東京	8	77	73	64	60	59	54	52	50	49	48	47
	20111217	土	中山	1	77	65	62	61	58	56	54	53	51	48	47
	20120219	日	京都	3	77	63	62	59	58	57	56	53	49	48	47
	20130303	日	中山	7	77	73	63	60	59	53	51	50	49	48	41
	20140622	日	函館	1	77	65	62	61	60	56	55	50	49	48	46
★	20141221	日	阪神	9	77	65	62	60	58	55	54	51	49	48	46
	20150425	土	福島	8	77	64	63	62	58	56	55	51	50	48	47
	20170305	日	小倉	3	77	68	64	60	59	55	53	52	51	48	47

★１位74で30万円配当のビッグチャンス！

１位74・７位53～11位49（１減並び）

▼３連単の基本買い目

8、9位→4～6位→ヒモ

(ヒモは2位以下)

押さえ：1、3位→指数47→ヒモ（ヒモは5～13位）

配当イメージ：10 ～ 30 万円

●このパターンの総出現数…19 レース

１位 74 の連対率 16%　複勝率 16%

12	13	14	15	16	17	18	配当
48	47	46	40				198250
46	41	40					288540
48	47	46	40				164400
48	47	46	43	42	41	40	162160
46	43	42	41	40			105070
48	47	46	41	40			298150
48	47	46	41	40			133150
48	47	46	41	40			286860
48	47	42	41	40			146580
48	47	46	41	40			101160
48	47	46	41	40			110190
48	47	46	43	42	41	40	108690

CLOSE UP!

★2017 年４月２日中山 12 Ｒ（４歳上 1000 万下、ダ 1200 m）

下位をフォーメーションのアタマに置く大胆なパターン。このレースは、１着が９位 51 ⑯タイセイラナキラ。これがリアルオッズでは４番人気というＳＰＧ馬で、ある意味、絶好の狙い目だった。２着５位 55（７番人気）⑧ダイワエキスパート、３着３位 71（２番人気）⑥ヨウライフク。１着の９位馬が意外に人気を被っていたが、それでも３連単は 11 万 190 円と 10 万超え。

1位74は信頼度ガタ落ち、波乱ゾーンに突入

1位74ともなると、1位の信頼度は一気に低下する。勝率も19・2％と20％を割り込み、複勝率も49・8％（ともに14年以降）という具合で、ほぼ5レースに1回しか勝利しないし、2回に1回は圏外に落ちてしまうのだ。

この指数配列では、1減並びもあり波乱ムードが漂っているといっていい。3連単対象でこの指数配列となったレースは65レースあったが、3連単5万円（未満）が25レース、5～10万円（未満）が15レース、10～30万円（未満）が19レース出現。このように、10万円以上の配当が飛び出す確率も高い。

この配当ゾーンともなると、1位はまずアテにできない。3着以内に入ったのは19レース中3レースのみ。2位は6レースで馬券になっているが、直近では不振傾向にある。

狙いは8、9位の1着付けの馬券。2着に4～6位を置いて手広く流したい。確率は低いが指数47の2着付けも面白そう。14位以下はあっても3着まで、枠の8位は同居馬がいても連対例はない。

1位74・7位53～11位49（1減並び）（3連単配当10～30万円、直近12例）

	日付・レース				1	2	3	4	5	6	7	8	9	10	11
	20131223	月	中山	5	74	70	65	63	55	54	53	52	51	50	49
	20140321	金	中山	4	74	64	63	62	59	54	53	52	51	50	49
	20140504	日	新潟	12	74	66	63	61	56	55	53	52	51	50	49
	20140817	日	新潟	12	74	68	65	59	56	54	53	52	51	50	49
	20141025	土	福島	8	74	65	64	60	58	57	53	52	51	50	49
	20141101	土	東京	9	74	71	66	56	55	54	53	52	51	50	49
	20150214	土	東京	10	74	72	64	61	57	55	53	52	51	50	49
	20150321	土	中山	9	74	73	65	60	58	55	53	52	51	50	49
	20161105	土	福島	12	74	65	64	60	55	54	53	52	51	50	49
	20161225	日	阪神	11	74	72	64	61	56	55	53	52	51	50	49
★	20170402	日	中山	12	74	72	71	56	55	54	53	52	51	50	49
	20170429	土	東京	4	74	72	66	59	57	54	53	52	51	50	49

★１位72で３連単50万円の頂(いただき)を臨む

1位72・2位70、69・8位51

▼３連単の基本買い目

9位→3～6位→ヒモ(ヒモは指数50台)

2、5位→2、5位→ヒモ

(ヒモは指数40台)

押さえ：5位―6位の2頭軸マルチ(ヒモは指数50～46)

押さえ：6位―7位の2頭軸マルチ(ヒモは指数50～46)

配当イメージ：30～50万円

●このパターンの総出現数…12レース

1位72の連対率０％　複勝率８％

12	13	14	15	16	配当
46	43	42	41	40	455580
47	46	41	40		314820
44	43	42	41	40	494010
47	46	42	41	40	384960
44	43	42	41	40	386200
46	41	40			325800
44	43	42	41	40	300320
47	46	40			327700
40					433650
44	43	42	41	40	387430
47	46	42	41	40	472270
47	46	42	41	40	366530

CLOSE UP!

★2015年1月24日中山6R（3歳新馬、芝2000m）

直近例でわかるように、近走では９位アタマの超配当が続出している。ここに５位を中心とした中位馬をどう絡めるかがポイントだろう。直近のこのレースでは、１着が９位50（７番人気）⑫ギンガ、２着４位59（４番人気）⑧サトノメサイア、３着５位58（６番人気）⑩ダイワスキャンプと入線。１～３番人気が圏外に去り、３連単は36万6530円という大物配当になった。

上位馬が不安定なときは5位狙いで

1位72・2位70、69という指数配列の時点で、指数上位馬が信頼できないことが少なくない。かなりざっくりとした狙いになるが、上位馬が信頼できない際は5位狙いがハマることがある。

17年2月19日東京11RのフェブラリーSでは1位72、2位70と波乱模様の一戦だった。しかし、1着は1位72で2番人気（単勝5・0倍）のゴールドドリーム、3着は2位70で1番人気（4・5倍）のカフジテイクが入ったが、2着には5位59の5番人気（7・6倍）のベストウォーリアがくい込んでいる。

フェブラリーSでは堅い決着だったが、8位51では波乱も多い。この配列で3連単10〜30万円（未満）となったのは18レース。30〜50万円（未満）は12レースあった。堅い配当も少なくないが、30万円以上となることも珍しくないのだ。5〜9位をうまく組み合わせて攻略したい。

なお、押さえの2頭軸マルチ2本は、3連複に転用してもオイシイ配当が狙えるはずだ。

1位72・2位70、69・8位51（3連単配当30〜50万円）

	日付・レース			1	2	3	4	5	6	7	8	9	10	11
	20070317	土	中京	11	72	70	65	61	59	58	56	51	49	48	47
	20100717	土	新潟	5	72	69	67	62	58	55	54	51	50	49	48
	20090124	土	中京	3	72	70	68	60	57	56	52	51	48	47	46
	20090503	日	新潟	9	72	69	68	62	58	55	52	51	50	49	48
	20090920	日	中山	5	72	69	65	64	59	55	52	51	50	49	46
	20121104	日	福島	9	72	70	68	67	54	53	52	51	50	48	47
	20111203	土	小倉	2	72	69	63	62	59	57	54	51	48	46	45
	20140420	日	福島	4	72	70	68	67	54	53	52	51	50	49	48
	20140823	土	札幌	9	72	69	67	61	58	57	53	51	48	47	41
	20120519	土	京都	2	72	69	67	59	56	54	53	51	50	49	46
	20131123	土	東京	12	72	69	62	61	60	57	56	51	50	49	48
★	20150124	土	中山	6	72	70	66	59	58	55	54	51	50	49	48

★100万馬券のコンピ突破口①——１位86の場合

1位86（18頭立て）

▼３連単の基本買い目

10 ～12 位→10 ～13 位→ヒモ

（ヒモは３～ 14 位）

配当イメージ：100 万円～

●このパターンの総出現数…12 レース

１位 86 の連対率０％　複勝率８％

12	13	14	15	16	17	18	配当
46	45	44	43	42	41	40	5468930
46	45	44	43	42	41	40	1109410
46	45	44	43	42	41	40	3323430
46	45	44	43	42	41	40	1010440
48	47	46	43	42	41	40	1535550
47	46	44	43	42	41	40	2767770
46	45	44	43	42	41	40	4966140
46	45	44	43	42	41	40	1352480
47	46	44	43	42	41	40	8111710
48	47	46	43	42	41	40	7236040
49	48	47	46	42	41	40	3147990
46	45	44	43	42	41	40	4765700

CLOSE UP!

★ 2013 年４月 13 日阪神５Ｒ（３歳未勝利、芝 2200 m）

100 万馬券ともなると、さすがにこれといったパターンが出てこない。だが、ここまでの高配当は必然的に下位馬が１、２着を占めないと届かないだろう。このレースは、１着 12 位 46（12 番人気）⑫カムイミンタラ、２着 13 位 45（10 番人気、ＰＧ馬）⑰ヤマイチパートナー、３着８位 52（６番人気）④プランスペスカと入線。３連単は 135 万 2480 円！　ちなみに１着馬はＭ・デムーロ騎手、２着馬は武豊騎手という組み合わせ。それで、よく 135 万馬券になったものだ……。

夢馬券に一番近いルートは1位86？

３連単導入後、その配当が１００万円以上となったのは９５８レースあった。１位の指数が低いほど出現しているイメージもありそうだが、実態は１位の指数が高ければ高いほど、１位が３着以内を外した場合に、配当がハネやすくなっている。

１位90で３連単１００万円以上となったレースは33レース。以下88…51レース、86…91レース、85…21レース、84…82レース、83…46レース、82…57レース、81…54レース、80…75レース、79…63レース、78…56レース（以下略）というように、１位が86、84、80、79あたりは３連単１００万馬券の出現本数が多い。

中でも１位86は１００万馬券の出現本数がトップ。「１位86・18頭立て」で３連単１００万円以上となったのは12レース。見事なまでに１、２位がコケている。３位も３着が関の山。

夢馬券を獲るには、思い切って10～12位が１、２着となるような馬券を購入する必要がある。気長に待つのであれば、10～12位を１着に、10～13位を２着といった３連単フォーメーションが狙い目だろう。

1位86・18頭立て（3連単配当100万円以上）

日付・レース				1	2	3	4	5	6	7	8	9	10	11
20080726	土	小倉	6	86	69	59	58	56	53	52	50	49	48	47
20090314	土	中京	10	86	73	61	57	55	54	53	52	50	49	48
20090606	土	東京	5	86	69	59	58	56	55	54	52	49	48	47
20100731	土	新潟	2	86	65	62	59	58	57	55	50	49	48	47
20100829	日	新潟	6	86	67	63	59	56	54	53	52	51	50	49
20120721	土	新潟	7	86	63	62	61	57	54	52	51	50	49	48
20121125	日	東京	9	86	76	57	56	55	54	53	52	49	48	47
★20130413	土	阪神	5	86	64	62	60	56	54	53	52	50	49	47
20130519	日	東京	5	86	76	58	57	56	54	52	51	50	49	48
20150502	土	東京	5	86	70	65	57	55	54	53	52	51	50	49
20150530	土	東京	3	86	65	60	58	56	55	54	53	52	51	50
20160220	土	小倉	12	86	65	59	58	57	56	54	50	49	48	47

★100万馬券のコンピ突破口②——1位82の場合

1位82・2位66～62

▼3連単の基本買い目

2位—16位の2頭軸マルチ

（ヒモは3位以下）

押さえ：13位—指数50の2頭軸マルチ（ヒモは2位以下）

配当イメージ：100万円～

●このパターンの総出現数…14レース

1位82の連対率7％　複勝率7％

12	13	14	15	16	17	18	配当
48	47	46	42	41	40		1023510
46	43	42	41	40			1648110
46	45	43	42	40			2243080
49	46	42	41	40			1061060
49	48	46	43	42	41	40	1758590
48	47	46	42	41	40		7039220
46	41	40					1106100
46	41	40					1122630
44	43	42	41	40			1319440
44	43	42	41	40			1196270
47	46	42	41	40			1844610
48	47	46	41	40			2681440

CLOSE UP!

★2013年8月4日新潟1R（2歳未勝利、芝1800m）

このパターンでは、強力に推せる軸候補はなかなか見つからないのだが、下位では13位の激走が目立つ。これとさらに下位馬のセットが100万馬券への近道か。このレースは、1着13位47（13番人気）④ファーストオーサー、2着3位61（3番人気）⑯エリーフェアリー、3着10位50（10番人気）⑪ハッピーセーラーと入線。3連単はなんと703万9220円の大台に（3連複も34万馬券）。

人気馬コケてこその１００万馬券！

１位82で３連単１００万円以上となったのは57レースあったが、そのうちの14レースで２位が66〜62という値だった。１位82で２位66〜62という配列は、１位も堅い軸とはいえないが、２位以下が混戦で「たぶん１位が３着以内に入るだろう」という雰囲気を醸し出しているレース。

17年２月４日東京６Rがその典型例。このレースは新馬戦で18頭立てというものだった。コンピ・ファンにはあまり関係ない話だと思うが、シーズン末期の３歳新馬戦、しかも18頭立てでは波乱含みなのは間違いない。この時期までデビューできなかった馬たちの集まりだからだ。

その中で１位82のレッドヴィクターが１番人気（単勝２・７倍）に推される状況。３連単１００万馬券が出るかどうかはともかくとして、これほど危険な人気馬はいない。結局、９位52（11番人気）のピサノベルベットが１着。２着が８位53（７番人気）イムノス、３着７位54（８番人気）レーヌジャルダンの順で３連単は１８４万馬券となった。

１位82・２位66〜62（３連単配当100万円以上、直近12例）

日付・レース				1	2	3	4	5	6	7	8	9	10	11
20081025	土	東京	5	82	66	59	58	57	56	54	53	51	50	49
20091018	日	京都	12	82	66	60	57	55	54	53	52	51	50	48
20110110	月	京都	3	82	66	65	57	56	54	52	50	49	48	47
20120310	土	中山	11	82	63	61	58	56	55	54	53	52	51	50
20121027	土	新潟	7	82	62	61	60	56	55	54	53	52	51	50
★20130804	日	新潟	1	82	64	61	60	59	57	56	52	51	50	49
20140503	土	新潟	9	82	64	60	59	58	56	55	53	49	48	47
20141221	日	中山	9	82	66	63	59	56	55	54	53	52	48	47
20160507	土	新潟	6	82	65	60	59	57	56	54	50	49	48	45
20161120	日	福島	9	82	64	61	60	59	58	52	51	49	47	46
20170204	土	東京	6	82	65	59	58	57	55	54	53	52	49	48
20170430	日	京都	10	82	63	61	58	55	54	53	52	51	50	49

★100万馬券のコンピ突破口③――1位79の場合

1位79・5位55～53

▼3連単の基本買い目

5位―7位の2頭軸マルチ

(ヒモは8～15位)

押さえ：指数53～50→11、13位→ヒモ(ヒモは15位以内)

配当イメージ：100万円～

●このパターンの総出現数…21レース

1位79の連対率5％　複勝率5％

12	13	14	15	16	17	18	配当
43	42	41	40	消			1965790
47	46	42	41	40			2465280
42	40						1274830
46	43	42	41	40			2735090
47	46	45	44	40			3245430
46	44	43	42	41	40		29832950
45	44	42	41	40			1944750
45	44	42	41	40			1833950
41	40						1333740
43	42	41	40				1166900
44	43	42	41	40			2247750
43	40						1010080

CLOSE UP!

★2015年7月12日福島3R（3歳未勝利、芝1800m）

迷ったときは5位、そしてその相棒は7位。5、7位の2頭軸マルチで的中したのが、このレース。1着がなんと14位42（12番人気）⑩ラダームブランシェ、単勝77.8倍の穴馬だ。2着7位52（5番人気）④ワンディトウショウ、3着5位55（6番人気）⑫サウザンリーブスと入線。3連単は224万7750円のモンスター馬券になった。

史上最高配当2983万馬券も1位79だった

先述のように、1位79も3連単100万馬券が多く飛び出している。JRAの3連単の最高配当（2983万2959円）となった、12年8月4日新潟5Rも1位79のレースだった。

この指数配列で3連単100万円以上となったのは21レース。1位79で飛び出した3連単100万超の配当のうち、約3分の1が該当している。先に書いたように、迷ったレースや超高配当となったレースで、最も軸にしやすいのは5位。3連単100万円超となるレースでの5位の複勝率は約20％ある。

この並びで3連単100万円以上となった21レースのうち、5位は3着以内を9回記録。複勝率に直せば約43％という具合だ。中でも好調なのが7位との組み合わせ。5、7位の2頭軸マルチで流していれば、21レース中5レース的中していたわけだ。

当然、100万馬券を狙うのであれば、ヒモは8位以下の馬でいい。18頭立てなら66点になってしまうが、16位以下はカットしよう。すると48点で100万馬券が的中する可能性がある。

1位79・5位55～53（3連単配当100万円以上、直近12例）

日付・レース				1	2	3	4	5	6	7	8	9	10	11
20100612	土	京都	1	79	74	70	56	53	52	48	47	46	45	44
20100904	土	小倉	8	79	66	64	55	54	53	52	51	50	49	48
20101120	土	京都	4	79	75	68	57	53	50	49	47	46	45	44
20110212	土	東京	4	79	78	60	57	55	54	53	52	51	48	47
20110709	土	京都	7	79	67	58	56	55	54	53	51	50	49	48
20120804	土	新潟	5	79	72	63	56	55	54	53	52	51	50	47
20130105	土	京都	7	79	75	59	56	54	53	52	50	49	48	47
20130217	日	京都	6	79	72	64	61	53	51	50	49	48	47	46
20130310	日	中京	12	79	76	67	55	54	53	51	48	47	46	42
20140531	土	京都	9	79	69	68	60	55	53	51	50	48	47	46
★20150712	日	福島	3	79	72	65	60	55	53	52	51	50	47	46
20160320	日	阪神	8	79	77	62	58	55	53	52	50	49	47	45

★100万馬券のコンピ突破口④——1位70、69の場合

1位70、69・8位51、50

▼3連単の基本買い目

1、14位→1、14位→ヒモ

(ヒモは12位以内)

14位→3～5位→ヒモ

(ヒモは12位以内)

押さえ:11位—14位の2頭軸マルチ（ヒモは10位以内)

押さえ：馬単　14位軸のマルチ（ヒモは11位以内)

配当イメージ：100万円～

●このパターンの総出現数…10レース

1位70 & 69の連対率20%　複勝率30%

12	13	14	15	16	17	18	配当
44	43	42	41	40			4904630
46	43	42	41	40			1236350
46	42	41	40				1213060
45	44	43	42	40			1363840
47	43	42	41	40			3379440
43	42	41	40				2717350
46	45	44	43	42	41	40	2163980
44	43	42	41	40			1020170
45	44	41	40				1342200
47	46	42	41	40			4588510

CLOSE UP!

★2012年5月20日新潟12R白馬岳特別（4歳上1000万下、ダ1800m）

<基本買い目>の1、14位のフォーメーションと11、14位の2頭軸マルチが、ダブルで的中しているのが、このレースだ。1着1位69（3番人気）⑥タケショウカヅチ、2着14位41（15番人気）⑭ウインク、3着11位46（12番人気）⑤ビッグジャンパーと入線。3連単は271万7350円（3連複も41万馬券！）。リアルオッズでは3番人気だったが、1位が1着でもスゴイ破壊力！

１００万超の大物馬券に向けて14位が爆発する

1位70で3連単が１００万円以上となったのは20レース。1位69では12レースあった。1位が70、69の場合、32レースで１００万馬券が出現したことになる。そのうち、8位51、50となったのは10レース。

本数そのものは多くないものの、下の表を見れば一目瞭然のように、14位の激走率が高い。10レース中8レースで14位が1、2着しているのだ。単純だが、1位と14位を1、2着に置いた3連単フォーメーションで１００万超の配当が2レース的中したことになる。

2位は不振傾向であり、14位が1着、3〜5位が2着のフォーメーションも有効だろう。

思い切った狙いなら11位と14位の2頭軸マルチ。その際のヒモは10位以内（60点）でOKだ。余裕がなければ3連複2頭軸で代用する手も。

どちらにしても14位の出現率の高さが目立っているのは間違いない。一般的に14位はヒモでも買いづらい順位の馬だとは思うが、抜擢して購入すると夢の１００万馬券に近づくのは間違いない。押さえの押さえで、14位を1、2着にした馬単を購入しよう。馬単でも10万円超の配当が狙える。

1位70、69・8位51、50（3連単配当100万円以上）

	日付・レース				1	2	3	4	5	6	7	8	9	10	11
	20070210	土	京都	11	70	68	67	64	57	54	52	51	48	47	46
	20080420	日	福島	9	69	68	62	61	60	58	55	51	50	48	47
	20111204	日	中山	11	70	69	68	60	58	55	52	51	50	49	48
	20120204	土	京都	5	69	66	64	62	61	59	56	50	48	47	46
	20120204	土	東京	1	69	68	67	63	59	55	54	51	50	49	48
★	20120520	日	新潟	12	69	68	64	63	61	60	52	51	50	49	46
	20130526	日	京都	10	70	69	68	64	57	54	53	51	49	48	47
	20140111	土	京都	3	70	68	65	63	60	56	52	51	50	47	45
	20140706	日	函館	10	69	68	67	66	59	55	53	50	48	47	46
	20170312	日	中山	7	69	67	66	64	63	59	52	51	50	49	48

●日刊コンピの指数配列を検索するには……

故・飯田雅夫氏は過去の日刊コンピ指数をエクセルに残してデータ化していた。本書を制作するにあたり、飯田氏が創設した日刊コンピ攻略サイトであるパカパカクラブ（http://www.pakapaca.com/）からデータを提供してもらっている。

これからデータを蓄積しようという方は、日刊スポーツの競馬サイト（http://p.nikkansports.com/goku-uma/）を活用するといいだろう（ともに有料）。

また、本書制作班はデータベースソフトにコンピ指数を取り込み集計している。この２本立てで制作されたのが本書だ。自分で指数検索をするのが難しいという方は、本書制作班が携わっている「日刊コンピ王」シリーズ（最新刊は2017年２月発売の『神ってるぜ！日刊コンピ王』）や、『日刊コンピ１位の解体新書』（16年８月発売）などの書籍を活用する手もある。

直接的なデータがすぐに手に入らない場合は、日刊スポーツ紙に掲載されている日刊コンピ指数をコピーしたり、切り抜いて保存しておくことをオススメする。

アナログ的な作業となるが、結果とコンピ指数をつき合わせていくと、例えば、ある１位指数が５レース連続して馬券圏外とか、１位90は３レース連続して３着だった……など、コンピ馬券のひとつの指標になるはずだ。

第3章

配当はミニ万でも的中率なら「2連系」

日刊コンピ ハイパーサーチ

馬単・馬連

★１位90軸で50倍以上の好配当にリーチ！

1位90・2位60台・8位52

▼基本買い目（馬単ベース）

１位90 →９位以下

押さえ：９位以内→１位90

▲１着→２着の馬単流し馬券を示す。以下同

配当イメージ：5000 円～１万円

●このパターンの総出現数…19 レース

１位 90 の連対率 63%　複勝率 79%

12	13	14	15	16	17	18	馬単	馬連
40							6950	3870
43	42	40					7110	5420
48	47	46	41	40			7190	2790
44	43	42	41	40			5180	3520
44	43	42	41	40			6120	5650
40							8040	3310
47	46	44	43	42	41	40	7850	3750
47	43	42	41	40			8890	6790
47	45	44	43	42	41	40	6200	4710
48	47	46	41	40			5900	2260
48	47	41	40				6680	5430
48	47	46	41	40			5250	1200

1着　2着　総データ検索期間は 2013 年１月～ 17 年６月

CLOSE UP!

★ 2016 年 12 月 23 日阪神３Ｒ（２歳未勝利、ダ 1400 m）

１位 90（１番人気、単勝 1.2 倍）⑮アンデスクイーンが先行して快勝したが、13 位 47（11 番人気）②メイショウエイコウが後方から追い込み２着に。複勝 1180 円もついた同馬のおかげで、馬連、馬単とも好配当に。ただ１位 90 馬が勝つ場合、馬連と馬単にそれほどの差がつかないので、馬連に厚めに賭けてもいいかもしれない。

1位90軸の馬券でもオイシイ配当は狙える

この章では馬連、馬単で使えるハイパーを紹介することにしよう。配当イメージは馬単をベースに検索している。馬連の配当も掲載しているので、馬券を購入する際の参考にしてほしい。

1位90となるレースは、03年以降、602レース出現。14年以降の勝率は52・5％という具合で、2回に一度は勝利している計算だ。1位90という、被った人気になっていることも少なくないが、馬連平均配当は約3910円、馬単平均配当は約8040円となっている。1位90が負けた際の配当も含まれているが、馬連、馬単ベースでも悪くない配当が含まれているのだ。

この指数配列では、1位が断トツで、しかも2位以下が大混戦という状況。5000円～1万円（未満）という配当ゾーンでは19レースが該当し、そのうち1位が12レースで連対している。1位を軸に、〈基本買い目〉のようなパターンがオススメ。

馬連なら1位90から9位以下への流しで好配当を望みたい。

1位90・2位60台・8位52（馬単配当5000円～1万円、直近12例）

※右端の馬単、馬連は配当。以下同

日付・レース				1	2	3	4	5	6	7	8	9	10	11
20101002	土	中山	2	90	66	63	56	55	54	53	52	48	47	41
20111002	日	阪神	1	90	66	62	58	57	55	54	52	50	46	45
20120527	日	東京	1	90	65	62	58	55	54	53	52	51	50	49
20121125	日	東京	1	90	68	60	56	55	54	53	52	50	47	45
20130120	日	京都	7	90	66	62	56	55	54	53	52	48	47	46
20130512	日	京都	5	90	62	61	57	56	55	53	52	47	46	45
20131201	日	阪神	6	90	60	59	56	55	54	53	52	51	50	48
20140517	土	東京	7	90	65	62	61	56	54	53	52	51	49	48
20140816	土	小倉	6	90	62	60	58	56	55	54	52	50	49	48
20161022	土	東京	10	90	64	63	56	55	54	53	52	51	50	49
★20161223	金	阪神	3	90	62	61	60	56	54	53	52	51	50	49
20170105	木	中山	5	90	62	61	58	57	56	55	52	51	50	49

★１位88で万馬券が狙えるケースとは……

1位88・3位58・6位54〜52

▼基本買い目（馬単ベース）

６位軸のマルチ（ヒモは２〜11位）

▲マルチは馬単１着→２着、２着→１着流し馬券。以下同

配当イメージ：１〜３万円

●このパターンの総出現数…15 レース

１位 88 の連対率７％　複勝率 60％

12	13	14	15	16	馬単	馬連
47	45	44	41	40	24730	9700
47	44	43	41	40	12090	5410
46	43	42	41	40	23920	10100
47	43	42	41	40	27570	11490
46	45	44	43	42	12390	6690
44	43	42	41	40	17080	9460
					12070	4580
45	41	40			13740	6900
45	44	43	42	40	20670	11250
40					26760	15680
47	43	42	41	40	15780	7550
48	47	46	41	40	16770	6500

CLOSE UP!

★ 2015 年 10 月 10 日京都９Ｒ愛宕特別（３歳上 1000 万下、ダ 1800 ｍ）

１位 88（１番人気、単勝 3.5 倍）③スワーヴカイザーは５着敗退。１着は逃げ切りを決めた⑩テイエムグンカン（６位 54、７番人気）。２着には２番手で競馬を進めた⑬ヒデノインペリアル（４位 56、６番人気）がなだれ込み。馬連、馬単とも万馬券。こうした波乱のケースでは、馬連、馬単どちらがオススメともいえない。まあ、お好みで……。

1位88が連対圏から消え去るとき

03年以降、1位88で馬単配当が1～3万円（未満）になったのは432レース。1位88総合では3425レースなので、約13%の確率で馬単で1万円以上となっている計算だ。

1位88ともなると、90とほぼ変わらない数値であり、実際の単勝人気でも被っているケースが大半を占める。この指数配列と配当ゾーンで検索すると、15レースが該当する。

この15レースを分析すると、1位88はやたら3着が多く、連対圏ではわずか1回のみ（連対率7%！　一方、3着は8回）。さすがに万馬券配当だけあって、1、2着は波乱の組み合わせなのだ。

その主役は6位。15レース中7レースで連対を果たしている。軸を6位とした馬単マルチ（もしくは馬連）が最適。

応用技としては、6位→ヒモ→1位88、ヒモ→6位→1位88という、1位3着固定の3連単フォーメーション馬券もありだろう。

1位88・3位58・6位54～52（馬単配当1～3万円、直近12例）
※最下段2017年6月24日東京11Rは実践編で後述

	日付・レース				1	2	3	4	5	6	7	8	9	10	11
	20060402	日	阪神	7	88	64	58	56	55	53	52	51	50	49	48
	20091101	日	京都	12	88	60	58	55	54	53	52	51	50	49	48
	20100627	日	福島	11	88	70	58	57	56	54	52	51	50	49	47
	20110105	水	京都	1	88	65	58	57	56	54	53	51	50	49	48
	20120218	土	京都	4	88	68	58	56	54	53	51	50	49	48	47
	20120310	土	阪神	12	88	67	58	56	55	54	53	52	51	48	46
	20130929	日	阪神	4	88	73	58	57	54	52	50	49	48	46	
	20140412	土	阪神	7	88	71	58	56	55	54	52	51	48	47	46
★	20151010	土	京都	9	88	73	58	56	55	54	53	52	49	47	46
	20160827	土	札幌	3	88	68	58	56	54	53	52	51	50	49	48
	20170416	日	中山	12	88	70	58	56	54	53	52	51	50	49	48
	20170624	土	東京	11	88	73	58	57	55	54	53	52	51	50	49

★１位86で馬単10万馬券を攻略しよう

1位86・3位61

▼基本買い目（馬単ベース）

７位軸のマルチ

（ヒモは４～14位、馬連流しでもＯＫ）

配当イメージ：５～10万円

●このパターンの総出現数…16レース

１位88の連対率６％　複勝率31％

12	13	14	15	16	17	18	馬単	馬連
45	44	43	41	40			58260	30090
44	43	42	41	40			97120	29260
47	46	45	44	42	41	40	52570	62360
46	42	41	40				64250	30010
46	45	44	43	42	41	40	87390	35430
47	46	42	41	40			63050	46800
43	42	41	40				63720	27720
44	43	42	41	40			74840	31780
45	43	42	41	40			58650	25590
46	41	40					73460	27340
47	46	44	43	42	41	40	75790	33800
46	42	41	40				58650	24480

CLOSE UP!

★2016年８月27日新潟12Ｒ（３歳上500万下、芝1200ｍ）

１着は後方から追い込んだ⑮タカラジャンヌ（13位46、12番人気）。２着には７位55（６番人気）⑱ケルベロス。１位86⑭タケデンタイガーは見せ場なく11着大敗。二ケタ順位がアタマで馬単は７万7590円（馬連３万3800円）と、２連系の馬券では超配当になった。

1、2位が連対できず7位が浮上

この並びで、馬単の配当が5～10万円（未満）のレースは16レースあったが、1、2位が連対したのは、たったの1レースのみ。つまり、1位86で馬単5万円という超高配当となるレースでは、1、2位はあっても3着までということ。

3、4位といったところも、連対はするものの数は多くない。

軸に推したいのは7位。16レース中8レースで連対を確保している。ヒモもほぼ4～14位でOKだ。15位以下で連対したのは1レースしかない。また、3位との組み合わせでは5万円に届かないことが目立つ。馬単マルチなら22点となるが、5万円以上の配当が狙えるのであれば文句はないはず。

また点数を絞るのであれば、馬単にせずとも馬連でもいい。馬単配当が5～10万円（未満）になった32レースすべてで、馬連でも万馬券だった。7位以外では軸を決めて指数49～46へ絞って流す手もありそう。ただ、点数が多くなり過ぎては妙味が薄くなるので、基本的には7位を1頭軸にして流すことをオススメする。

1位86・3位61（馬単配当5～10万円、直近12例）

	日付・レース				1	2	3	4	5	6	7	8	9	10	11
	20070701	日	阪神	10	86	69	61	58	56	55	51	50	49	48	47
	20070721	土	小倉	2	86	73	61	59	55	53	52	51	50	46	45
	20071216	日	阪神	4	86	70	61	57	54	53	52	51	50	49	48
	20080426	土	東京	2	86	67	61	56	55	54	53	52	51	50	47
	20090314	土	中京	10	86	73	61	57	55	54	53	52	50	49	48
	20090613	土	東京	2	86	72	61	60	56	55	54	51	50	49	48
	20100220	土	京都	4	86	62	61	60	57	54	50	48	46	45	44
	20120701	日	中京	10	86	67	61	59	57	55	53	48	47	46	45
	20121014	日	京都	12	86	68	61	57	56	53	52	51	49	47	46
	20140622	日	函館	11	86	68	61	57	56	52	51	50	49	48	47
★	20160827	土	新潟	12	86	63	61	58	57	56	55	51	50	49	48
	20170422	土	東京	8	86	70	61	57	56	55	52	50	49	48	47

★１位85で万馬券クラスの好配当ゲット！

1位85・2位66〜62・5位60、59

▼基本買い目（馬単ベース）

２〜６位ボックス

２、３位→５、６位

（２、３位→５、６位は点数をギリギリまで絞る場合）

配当イメージ：5000円〜1万5000円

●このパターンの総出現数…11レース

１位88の連対率０％　複勝率45％

12	13	14	15	16	17	18	馬単	馬連
47	46	42	41	40			6060	2620
43	42	41	40				11590	4600
44	43	42	41	40			7990	3200
44	43	42	41	40			10250	4550
48	47	44	43	42	41	40	7210	4000
43	42	41	40				8800	4190
49	48	47	46	40			6960	3370
46	45	44	43	42	41	40	8960	3740
							8560	4220
							6220	3400
44	43	42	41	40			12070	5200

CLOSE UP!

★2017年２月12日東京７Ｒ（４歳上500万下、ダ1400ｍ）

１着は３位61（６番人気）③リベルタンゴ、２着に４位60（３番人気）⑤ハヤブサレディゴー。馬単は１着が６番人気と裏ＰＧ馬だったためか、１万2070円に（馬連も5200円と好配当）。ちなみに３着も５位59⑥コスモエルデストで、３連単は７万馬券だった。

1位は3着止まりで、2〜6位のボックス買いを

この指数配列で、馬単の配当が5000円〜1万5000円（未満）となるレースでは、2〜6位の馬単5頭ボックスが面白い。該当した11レースすべてで的中した計算だ。点数は20点になってしまうが、万馬券を超えることも少なくない。

絞るのであれば、4位を除いたボックス馬券か。4頭の馬単ボックスなら12点となり、より儲けやすくなることだろう。究極的に絞るのであれば、1着に2、3位、2着に5、6位を置いた馬単（計4点、フォーメーションカードが便利）。

3着を含めて馬券になるのは原則6位以内。表示はしていないが1位は3着なら5回あるので、2〜6位→2〜6位→1位という3連単もありだろう。超配当が獲れるわけではないものの、ハマれば1〜3万円前後の配当になるし、チャレンジしてみる価値はあるはず。

この3連単を買う際は、馬単ボックスではなく、馬連ボックスにすると5頭ボックスで10点、4頭ボックスなら6点で済み、保険馬券としても作用する。

1位85・2位66〜62・5位60、59（馬単配当5000円〜1万5000円）

	日付・レース				1	2	3	4	5	6	7	8	9	10	11
	20030928	日	中山	7	85	63	62	61	59	54	53	51	50	49	48
	20040201	日	東京	11	85	64	61	60	59	56	54	50	47	46	44
	20040925	土	中山	3	85	64	62	61	60	55	50	48	47	46	45
	20080824	日	小倉	2	85	63	61	60	59	55	54	51	47	46	45
	20080906	土	新潟	9	85	63	62	61	60	54	53	52	51	50	49
	20100807	土	新潟	7	85	63	62	60	59	58	54	50	48	47	46
	20110219	土	東京	9	85	62	61	60	59	58	57	53	52	51	50
	20110514	土	東京	6	85	64	63	61	60	54	53	52	49	48	47
	20110828	日	札幌	9	85	63	62	60	59	58	50	49	47	40	
	20151108	日	東京	3	85	65	63	61	59	54	53	47	46	41	40
★	20170212	日	東京	7	85	66	61	60	59	58	52	51	50	49	48

★１位84で３万馬券を獲ってみたい！

1位84・2位78〜76・9位52〜50

▼基本買い目（馬単ベース）

6〜13位→2位（2位の２着付け）

押さえ：6〜13位→3位（3位の２着付け）

押さえ：指数51、50→ヒモ（ヒモは原則１〜３位）

配当イメージ：１〜３万円

●このパターンの総出現数…11レース

1位84の連対率９％　複勝率27%

12	13	14	15	16	17	18	馬単	馬連
47	45	44	43	42	41	40	14570	6880
47	43	42	41	40			18490	6150
47	46	42	41	40			15930	8030
47	45	44	43	42	41	40	21790	13130
47	46	43	42	40			26400	8840
47	46	42	41	40			14920	4420
46	45	44	43	42	41	40	13770	4610
43	42	41	40				25610	6990
47	46	44	43	42	41	40	22810	8730
46	43	42	41	40			13850	5550
47	46	44	43	42	41	40	12480	6090

CLOSE UP!

★2016年３月13日中京２R（３歳未勝利、芝1400ｍ）

１着は10位49の⑬ジェイシックス、２着２位77（２番人気）③ローエキスキーズ。１位84（１番人気、単勝1.2倍）の⑪タガノガジュマルは４着で圏外に。馬単は１万2480円（馬連6090円）。10位がアタマ、単勝1.2倍馬が飛んだのだから、配当はもう少しつきそうなものだが、なんと⑬ジェイシックスは５番人気のＳＰＧ馬で人気を集めていたのだ。

2位の2着付け作戦が功を奏する

この指数配列で配当が1～3万円（未満）の場合、2位2着付けが最も有効だ。点数を少し増やしてもOKなら、2着に3位もマークしておきたい。1着には6～13位（ただし11位の連対例はなく、カットする手もあり）。これなら馬単万馬券はほぼ確実だろう。

これまで該当したのは11レース。1位は2着が一度あるのみだ。基本的に1位84で2位が78～76となるレースでは、1、2位の指数差はそれほどない状況。1位80台前半や70台後半で指数差が少ない場合、2位の逆転が多く見られるが、ここも2位が逆転する典型例だ。

馬連で2、3位を軸にする際は、万馬券に少し届かない配当に留まるケースが目立っている。15位以下の馬の連対例はないものの、指数下位の馬の連対例は見られるので、あまり絞りすぎないのがポイントか。

3万円以上の配当も視野に入れるのであれば、1着に51、50をマークして手広く流す手もあるだろう。

1位84・2位78～76・9位52～50（馬単配当1～3万円）

	日付・レース				1	2	3	4	5	6	7	8	9	10	11
	20050327	日	中京	11	84	76	65	63	60	59	55	53	52	50	48
	20070218	日	東京	3	84	77	62	56	54	53	52	51	50	49	48
	20080412	土	中山	7	84	78	58	56	55	54	52	51	50	49	48
	20080524	土	中京	6	84	78	61	56	54	53	52	51	50	49	48
	20090315	日	中京	3	84	78	59	56	55	54	53	52	50	49	48
	20090321	土	中山	3	84	77	61	55	54	53	52	51	50	49	48
	20091024	土	東京	2	84	78	59	57	55	54	52	51	50	48	47
	20110828	日	新潟	9	84	78	58	57	55	54	53	51	50	48	46
	20121125	日	東京	6	84	77	62	56	54	53	52	51	50	49	48
	20140705	土	福島	11	84	77	57	56	55	54	53	52	51	50	49
★	20160313	日	中京	2	84	77	60	56	54	53	52	51	50	49	48

★１位83で堅実配当を狙っていく

1位83・5位58・8位51

▼基本買い目（馬単ベース）

５位軸のマルチ（ヒモは１～４位）

４位→１～５位

押さえ：１位軸のマルチ（ヒモは４～12位）

配当イメージ：3000円～１万円

●このパターンの総出現数…15レース

１位83の連対率53%　複勝率60%

12	13	14	15	16	17	18	馬単	馬連
47	43	42	41	40			4350	1440
44	43	42	41	40			6610	2680
47	42	40					3200	1080
46	43	42	41	40			5530	2780
47	46	42	41	40			3620	1830
46	43	42	41	40			4880	4080
44	43	42	41	40			8220	3460
47	46	41	40				4720	2390
46	43	42	41	40			4390	1390
46	45	44	43	42	41	40	6310	2690
47	45	44	43	42	41	40	4840	2530
44	43	42	41	40			3340	1630

CLOSE UP!

★2017年３月11日中山５Ｒ（３歳未勝利、芝1800ｍ）

１着は４位61（３番人気）の⑨ローリングタワー、2着５位58（４番人気）④ヒドゥンパラメータ。馬単は3340円（馬連1630円）とおとなしめの配当だったが、４、５位のワンツーで、２通りの＜基本買い目＞が的中した形だ。穴党には物足りない配当かもしれないが、点数が絞れる分、資金を厚めに張ることもできるだろう。

連対率の5位と、勝率の4位

配当ゾーンを考えると、1位がしっかり連対してほしいパターンだが、ポイントは2つ。5位の連対率の高さと4位の勝率の高さだろう。1位も悪くはないが、軸として堅いとはいい切れない。

この指数配列で馬単配当が3000円～1万円（未満）となったのは15レース。そのうちの7レースで5位が連対を果たしている。その7レースすべてで、相手は4位以内だった。5位軸のマルチ流しでも、相手が1～4位の4頭なら8点で済む（直近では出現のない3位も押さえておいたほうがいい）。馬連であれば点数は4点だが、配当面では10倍台に留まることも頭に入れて券種を選択したい。

また、4位が1着となる際も相手は5位以内の4頭ということになる。こちらは1着付けのみを購入していればOKなので、4点で3000円～1万円（未満）の配当が狙える。馬連では同じく配当面で恵まれないケースが大半なので、ここでは馬単を積極的に狙っていきたい。1位を軸にする際は4～12位へ流したい。

1位83・5位58・8位51（馬単配当3000円～1万円、直近12例）

	日付・レース				1	2	3	4	5	6	7	8	9	10	11
	20060910	日	札幌	4	83	63	61	60	58	54	52	51	50	49	48
	20080607	土	中京	3	83	67	61	59	58	55	53	51	48	47	45
	20080629	日	阪神	10	83	64	60	59	58	55	53	51	50	49	48
	20090124	土	中山	12	83	69	62	60	58	53	52	51	49	48	47
	20100523	日	新潟	9	83	68	62	60	58	53	52	51	50	49	48
	20110604	土	東京	6	83	65	64	59	58	57	52	51	50	48	47
	20120318	日	中山	3	83	66	65	59	58	54	53	51	47	46	45
	20130428	日	東京	11	83	63	61	59	58	57	56	51	50	49	48
	20150726	日	福島	1	83	68	61	60	58	56	52	51	50	48	47
	20151206	日	中京	10	83	65	64	59	58	53	52	51	50	48	47
	20160828	日	小倉	3	83	64	63	59	58	56	52	51	50	49	48
★	20170311	土	中山	5	83	70	62	61	58	53	52	51	48	47	46

★１位82で３万馬券も望める戦略とは……

1位82・5位61、60

▼基本買い目（馬単ベース）

６位軸のマルチ（ヒモは１～10位）

押さえ：４、５位→６～10位

応用：３連単　１位―10位の２頭軸マルチ（ヒモは５～９位）

配当イメージ：１～３万円

●このパターンの総出現数…12レース

１位82の連対率17%　複勝率33%

12	13	14	15	16	馬単	馬連
41	40				17260	7820
46	43	42	41	40	10250	4020
46	43	42	41	40	20120	10100
40					14760	6890
41	40				13970	9140
					23580	8630
46	41	40			10760	6590
43	42	41	40		16200	7860
44	43	42	41	40	14890	6390
50	43	42	41	40	25330	8410
44	43	42	41	40	14430	12240
					29960	16900

CLOSE UP!

★2012年８月19日小倉12Ｒ（３歳上500万下、ダ1700ｍ）

１着は差し切りを決めた５位60（５番人気）の①ペガサスフォース。２着６位51（６番人気）⑩エンジョイタイム。１位82（２番人気）⑤タングルジャングルは３着止まり。リアルオッズで１番人気の⑥スマートルシファーは７着。馬単は１万6200円（馬連7860円）とオイシイ配当になった。

6位軸、ヒモは10位までで万券配当が！

軸はなかなか決め手がないものの、6位を推す。この並びで、馬単配当が1～3万円（未満）となったのは12レース。6位は6レースで連対を果たしている。

6位から馬単を購入する際は、基本的に2着付けでOKだと思うが、1着も一度記録しているので、マルチ馬券だと万全か。11位以下は連対もなく（3着すらない）、わりと点数は広がらずに済むパターンだ。

また、たった2レースではあるが、1位が連対を果たしたレースでは、相手は2回とも10位だった。応用技としては1位と10位を2頭軸にした3連単マルチ馬券も試す価値もあるだろう。相手も5～9位の5頭でいい。これなら点数も30点で済む。

13年9月28日中山5Rでは10位↓1位↓5位で決着し、3連単27万3100円の配当をつけたこともある。場合によっては3連複でもいい。点数も5点で済むし万馬券以上の配当が望めそうだ。

他には、4、5位を1着にマーク、2着に6～10位を置いた馬単馬券も押さえてみたい。

1位82・5位61、60（馬単配当1～3万円）

	日付・レース				1	2	3	4	5	6	7	8	9	10	11
	20050918	日	阪神	12	82	64	63	62	61	55	53	49	48	46	42
	20051002	日	中山	9	82	64	63	62	60	54	51	50	49	48	47
	20070121	日	中山	4	82	64	63	62	61	55	51	50	49	48	47
	20070317	土	中山	3	82	65	62	61	60	58	54	47	46	42	41
	20070930	日	札幌	9	82	63	62	61	60	59	57	48	44	43	42
	20071215	土	阪神	7	82	67	62	61	60	51	49	48	47	46	45
	20080622	日	函館	11	82	64	63	62	60	53	52	51	50	48	47
★	20120819	日	小倉	12	82	66	64	61	60	51	50	49	48	47	44
	20121103	土	京都	12	82	66	62	61	60	54	53	52	48	47	45
	20130928	土	中山	5	82	65	63	62	61	56	55	54	53	52	51
	20140330	日	中京	3	82	65	62	61	60	57	52	50	48	47	45
	20150509	土	新潟	4	82	64	62	61	60	53	52	50	48	47	

★１位81で１万円前後の配当に迫る！

1位81・5位60

▼基本買い目（馬単ベース）

５位軸のマルチ

６位軸のマルチ

（いずれもヒモは１～11位、馬連でもＯＫ）

押さえ：１位軸のマルチ（ヒモは６～11位、馬連でもＯＫ）

配当イメージ：5000円～１万5000円

●このパターンの総出現数…16レース

１位81の連対率31％　複勝率56％

12	13	14	15	16	17	18	馬単	馬連
41	40						8060	4120
							6190	3100
							5110	2630
42	41						6450	3490
42	41						5700	3820
46	43	42	41	40			12100	5510
43	42	41	40				8830	3810
46	45	44	43	42	41	40	6220	3290
46	45	44	42	40			12520	5470
46	45	44	40				5650	3290
45	44	41	40				7370	5370
49	48	47	46	40			6270	2280

CLOSE UP!

★2016年６月11日東京11Ｒ
アハルテケＳ（ＯＰ、ダ1600ｍ）

１着は先行して快勝の５位60⑨チャーリーブレイヴ。２着は９位50⑮ピンポン。<買い目の基本>通り決まったのだが、馬単は5650円（馬連3290円）とイマイチな配当だった。というのも５位チャーリーは１番人気、９位ピンポンは６番人気と、２頭ともＰＧ馬で人気を集めていたのだ。

5、6位からの馬単マルチが有効

この指数配列で馬単配当が5000円〜1万5000円（未満）に該当したのは16レース。そのうち5、6位のどちらかが連対したレースは8レースという具合で、まずはこの2順位からの馬単マルチ馬券を購入したい。

馬単マルチを2組購入するのでは配当効率が悪いというのであれば、馬連でもOKだろう。馬連でも20倍以上の配当がついているのであれば、無理に馬単を買う必要はないのかもしれない。

また、押さえ馬券としては1位を軸に、6〜11位に流した馬券を購入することをオススメする。こちらも原則、馬単マルチが有力だが、点数を絞るのであれば馬連でも十分だろう。さらに点数を絞るのであれば頭数に関わらず、指数49以下の馬をカットする手もありそう。49以下の馬が連対したのは、16レース中2レースのみだった。

応用技としては3連複で1位を1軸目、5、6位を2軸目に置いた馬券も有力。相手次第のところはあるが、3連複50倍以上の配当が狙えることもある。

1位81・5位60（馬単配当5000円〜1万5000円）

	日付・レース				1	2	3	4	5	6	7	8	9	10	11
	20060617	土	福島	11	81	65	62	61	60	53	52	51	50	49	48
	20080824	日	札幌	1	81	67	64	61	60	52	49	48	47	46	
	20081025	土	東京	3	81	68	62	61	60	59	51	50	47	46	40
	20110619	日	阪神	11	81	66	64	62	60	54	52	50	48	46	44
	20110925	日	阪神	8	81	65	64	63	60	53	51	50	46	44	43
	20120804	土	札幌	6	81	68	63	62	60	54	53	51	50	49	48
	20120819	日	新潟	6	81	64	63	61	60	55	53	52	49	46	44
	20130928	土	阪神	12	81	65	64	61	60	56	54	52	50	49	48
	20150301	日	小倉	9	81	68	63	62	60	56	54	52	50	48	47
★	20160611	土	東京	11	81	63	62	61	60	55	53	52	50	48	47
	20160716	土	福島	11	81	68	62	61	60	52	51	49	48	47	46
	20161002	日	阪神	8	81	74	63	61	60	59	58	57	54	52	50

★１位80で好配当万馬券にチャレンジ！

1位80・5位59・6位56〜54

▼基本買い目（馬単ベース）

１位軸のマルチ（ヒモは６〜11位）

６位軸のマルチ（ヒモは１〜５位）

配当イメージ：5000円〜１万5000円

●このパターンの総出現数…16レース

1位80の連対率50%　複勝率63%

12	13	14	15	16	17	18	馬単	馬連
44	43	42	41	40			11660	4730
47	46	42	41	40			8340	2940
46	45	44	43	42	41	40	13610	6040
46	45	44	43	42	41	40	5040	3290
46	44	43	41	40			14910	7260
41	40						5070	3180
45	43	42	41	40			5210	3250
45	44	43	42	41	40		5330	2050
47	45	44	43	42	41	40	5920	3500
40							5120	3210
							8570	4380
46	43	42	41	40			7360	3180

CLOSE UP!

★2017年６月４日東京１R（３歳未勝利、ダ1600m）

１着は６位54（６番人気）⑧チャームクォーク。２着入線は３位67（３番人気）⑫フルオブグレース。６位→３位で決まり、馬単は7360円（馬連3180円）。リアルオッズでも人気が割れ気味のレースで、万馬券には届かなかったものの、このあたりの配当を堅実に拾っていくのも悪くはないだろう。

こちらは1、6位の2軸作戦で

この指数配列で、馬単配当が5000円〜1万5000円（未満）となったのは16レース。そのうち12レースで、1位または6位が連対していたのだ。1位と6位の2軸でマルチ作戦を敢行すれば、的中が見込める。

1位を軸にする際のヒモは6〜11位（過去には11位も出現）、6位軸のヒモは、1〜5位が原則。これなら2パターン購入しても、22点で済む。馬連の場合、10倍台の配当に留まってしまうこともあり、なるべくなら馬単マルチで購入したい。

12位以下は3着が数回あるのみなので、基本的には無視してOKだろう。4、5位は意外と出現数が低く、2着以内に入ったのは、それぞれ1レースあるのみ。また、指数49以下の馬の連対例もたった一度なので、購入する順位に該当する馬でも、指数値が低い場合はカットしてしまう手もある。

さらに絞るのであれば、枠の4位と8位に入った馬はほとんど連対していないので、ここも除外してもいいかもしれない。

1位80・5位59・6位56〜54（馬単配当5000円〜1万5000円、直近12例）

日付・レース				1	2	3	4	5	6	7	8	9	10	11
20071223	日	中山	7	80	67	63	60	59	54	53	52	49	48	47
20080712	土	福島	6	80	66	61	60	59	55	53	52	51	50	48
20101031	日	東京	4	80	70	61	60	59	56	53	52	49	48	47
20110507	土	東京	11	80	70	61	60	59	55	52	50	49	48	47
20110716	土	京都	8	80	63	62	61	59	55	51	50	49	48	47
20110918	日	中山	9	80	66	65	60	59	55	52	51	50	46	42
20140308	土	阪神	5	80	64	63	60	59	55	51	50	49	47	46
20140803	日	小倉	4	80	68	62	61	59	56	52	51	49	48	47
20160220	土	京都	11	80	67	65	64	59	56	55	53	50	49	48
20160813	土	札幌	3	80	67	63	60	59	54	53	49	48	46	42
20170311	土	阪神	12	80	64	63	62	59	55	49	48	47	41	40
★20170604	日	東京	1	80	68	67	60	59	54	51	50	49	48	47

★１位80で最大５万馬券をつかむ方法

1位80・2位69〜65・8位52（16頭立て）

▼基本買い目（馬単ベース）
９位軸のマルチ（ヒモは４〜11位）
８位軸のマルチ（ヒモは６〜10位）
押さえ：10位軸のマルチ（ヒモは１〜８位）
※いずれも馬連でもＯＫ
配当イメージ：１万5000円〜５万円

●このパターンの総出現数…14レース

１位80の連対率21%　複勝率36%

12	13	14	15	16	馬単	馬連
46	43	42	41	40	47950	27640
44	43	42	41	40	49240	24680
48	43	42	41	40	34710	13850
44	43	42	41	40	32140	17410
44	43	42	41	40	25580	13230
44	43	42	41	40	21660	15340
48	47	46	41	40	38100	12780
48	47	46	41	40	36840	19470
48	47	46	41	40	20790	13760
46	45	44	43	40	18950	8470
48	47	46	41	40	28660	18380
47	46	42	41	40	44670	18600

CLOSE UP!

★2017年２月５日東京12Ｒ（４歳上1000万下、ダ1300ｍ）

１着は９位50（11番人気）②リュクサンブールが中団から脚を伸ばし快勝。２着は７位53（６番人気）⑯リターンラルク。９位→７位で決まり、馬単は４万4670円の巨大配当に。馬連でも１万8600円とオイシイ馬券になった。16頭フルゲートの乱戦模様とあれば、こうした下位馬から積極的に穴馬券を狙っていきたい。

大物馬単を狙うなら複数マルチもやむを得ず

同じ1位80でも、配当や検索方法によって、馬券に絡む順位が大幅に異なってくる。この指数配列で、馬単配当が1万5000円～5万円（未満）となったのは14レース。そこでポイントとなっているのが8～10位だ。14レース中10レースで、この3順位の馬のうち1頭が必ず連対している。

その中でも6レースで連対している9位が中心となる。ヒモは4～11位と手広く流す方がベター。8位が連対した際は、6～10位が相手になりやすい。また、直近では不振だが、10位を軸とする際は1～8位にぶつけたい。

ここは1万5000円以上の配当を狙っているので、安易に点数を絞らないほうがいいだろう。

ただ、指数46以下の馬の連対は1レースのみと出現率は低い。11位以下の馬で指数40台の馬が馬券になった際、相手は5位以内の馬だったことを考えると、8～10位を軸にするなら、原則として指数40台の馬を購入する必要はないだろう。

1位80・2位69～65・8位52・16頭立て（馬単配当1万5000円～5万円、直近12例）

	日付・レース				1	2	3	4	5	6	7	8	9	10	11
	20080921	日	中山	1	80	65	63	62	56	54	53	52	51	50	47
	20090411	土	中山	7	80	68	61	60	55	54	53	52	51	50	49
	20100130	土	東京	2	80	66	64	59	55	54	53	52	51	50	49
	20120122	日	中山	7	80	65	64	59	58	57	53	52	48	47	46
	20120506	日	東京	10	80	65	64	61	57	56	55	52	49	48	46
	20121215	土	阪神	3	80	66	64	59	58	56	53	52	49	48	45
	20131020	日	東京	3	80	68	64	59	56	54	53	52	51	50	49
	20140202	日	東京	10	80	66	61	60	59	55	53	52	51	50	49
	20150503	日	新潟	11	80	68	65	57	56	55	53	52	51	50	49
	20151213	日	中京	8	80	69	62	61	60	54	53	52	50	49	48
	20170204	土	京都	12	80	66	62	58	56	55	53	52	51	50	49
★	20170205	日	東京	12	80	67	62	60	56	55	53	52	50	49	48

★１位79で１～３万馬券を掘り起こす

1位79・2位78・3位64～62

▼基本買い目（馬単ベース）

３位→７～12位

５位→２～７位

押さえ：ヒモ→指数 49 ～ 46

配当イメージ：１～３万円

●このパターンの総出現数…13 レース

１位 79 の連対率 23%　複勝率 54%

12	13	14	15	16	17	18	馬単	馬連
43	41	40					14840	4870
44	43	42	41	40			19980	11930
40							10160	6690
46	43	42	41	40			15070	12330
44	43	42	41	40			25790	23450
46	45	44	43	42	41	40	10150	3330
44	43	42	41	40			12130	9980
46	45	44	43	42	41	40	12770	6740
47	46	44	43	42	41	40	18220	4420
44	43	42	41	40			12990	7610
46	42	41	40				11680	4880
43	42	40					14640	7880

CLOSE UP!

★ 2016 年８月 13 日札幌 11 Ｒ ＳＴＶ賞（３歳上 1000 万下、芝 1500 m）

１着はこのパターンで勝率が最も高い３位 62（４番人気）⑤ウインムートが逃げ切り。２着は後方から追い込んだ 12 位 43 ⑥テラノヴァ。順位二ケタ馬が絡んだので、馬単は１万 4640 円（馬連 7880 円）。もっとも 12 位テラノヴァはリアルオッズで７番人気と、ＳＰＧ馬で、走り頃だったともいえそう。

3位アタマから下位馬へ流す

下の表を一見すると、出現順位や指数がバラバラしているように映るが、基本的に3位1着付けの馬単が勝負馬券となる。

この指数配列で、馬単配当が1～3万円（未満）となったのは13レース。そのうち6レースで3位が1着だった。相手は7～12位でOKだろう。6点買いで1万円以上の配当を狙うのがセオリーだ。

次いで5位を1着にした馬単を押さえておきたい。1着となったのは13レース中3レースだが、こちらも相手は2～7位の6頭で済む。これなら2組購入しても12点だし、馬単万馬券が狙えるのであれば文句はないはずだ。

特定の順位にこだわらないのであれば、指数49～46を2着付けにした馬券を購入する手もありそう。13レース中5レースで49～46が2着に入っている。

馬連でも40倍以上になるケースが大半なので、1、2着が入れ替わった場合を考慮するなら、馬単に固執する必要はない。

1位79・2位78・3位64～62（馬単配当1～3万円、直近12例）

日付・レース				1	2	3	4	5	6	7	8	9	10	11
20050430	土	京都	4	79	78	62	56	54	53	50	49	48	47	46
20051001	土	阪神	6	79	78	63	57	54	53	52	49	48	47	45
20061015	日	東京	5	79	78	64	56	55	54	51	50	48	46	41
20070610	日	中京	1	79	78	64	55	53	52	51	50	49	48	47
20070930	日	阪神	2	79	78	64	55	53	52	51	50	49	48	47
20071223	日	阪神	5	79	78	62	55	53	52	51	50	49	48	47
20090921	月	阪神	10	79	78	64	54	52	51	50	49	47	46	45
20121209	日	阪神	3	79	78	63	56	54	53	52	50	49	48	47
20090411	土	中山	10	79	78	63	58	54	53	52	51	50	49	48
20140112	日	京都	10	79	78	64	56	54	53	52	50	48	47	46
20140803	日	新潟	12	79	78	63	57	56	55	52	50	49	48	47
★20160813	土	札幌	11	79	78	62	57	56	53	52	51	50	49	46

★１位78で１～３万馬券に猛チャージ！

1位78・2位75、74・3位62～60・5位56、55・6位55～53

▼基本買い目（馬単ベース）

３位軸のマルチ（ヒモは６～12位）

６位→３～７位

配当イメージ：１～３万円

●このパターンの総出現数…11 レース

１位 78 の連対率０％　複勝率 18％

12	13	14	15	16	馬単	馬連
43	41	40			26630	16800
43	42	41	40		18650	8860
48	47	46	43	40	13270	8010
42	41	40			11200	4550
46	41	40			23970	8690
44	43	42	41	40	17880	10020
46	43	42	41	40	23510	10120
45	44	43	42	40	10180	4650
43	42	41	40		20400	13400
46	43	42	41	40	11430	5430
47	46	42	41	40	17920	8600

CLOSE UP!

★ 2016 年 12 月 11 日中京９Ｒ（３歳上 500 万下、ダ 1900 m

１、２位の出番がない代わりに活躍するのが３位。このレースでは、１着は９位 50（６番人気、ＰＧ馬）の⑩ウィーバービルだったが、２着に３位 62（４番人気）⑧コスモボアソルテが入線。馬単は１万1430円（馬連 5430 円）と好配当になった。

1、2位大不振……どちらの連対もナシ

1位78・2位75、74という時点で、上位混戦レースといっていいだろう。さらに、3位62〜60、5位56、55、6位55〜53という状況は、単勝10倍未満の馬が6頭以上いても不思議のない、人気が割れているレースのはずだ。

この並びで馬単配当が1〜3万円（未満）となったのは11レース。なんと1、2位が連対した例は一度もない。そして偏りが結構あるので、ヒモの点数も絞りやすい。

1組目は3位を軸にして6〜12位に流したマルチ馬券。絞るのであれば10位以内でもOKだ。2組目は6位を1着固定にした馬券。実践例でも後述するが、1着になる確率が高いといっても、いざ馬券を購入する際は2着付けの馬券も気になってしまうもの。相手は3〜7位が原則。

6位あたりの馬を軸としていると、的中時にある程度の配当が見込めるため、ついつい手広くなってしまいがちなのは確かだ。点数が広がりすぎるのであれば、馬連も一考の余地がある。ここは馬連でも40倍以上の配当が見込めるからだ。

1位78・2位75、74・3位62〜60・5位56、55・6位55〜53（馬単配当1〜3万円）
※最下段2017年6月10日東京11Rは実践編で後述

	日付・レース				1	2	3	4	5	6	7	8	9	10	11
	20050403	日	阪神	12	78	74	62	61	55	54	53	51	48	46	44
	20050903	土	新潟	3	78	74	62	61	56	55	54	50	48	47	46
	20060326	日	中京	12	78	74	60	58	56	54	53	52	51	50	49
	20060813	日	札幌	8	78	74	60	58	56	54	53	51	50	48	47
	20061111	土	福島	10	78	74	61	60	55	54	53	52	51	48	47
	20061202	土	阪神	12	78	75	61	58	55	53	52	51	50	48	46
	20070128	日	東京	12	78	74	60	57	56	55	54	51	49	48	47
	20070304	日	中京	4	78	74	60	57	56	55	54	53	49	48	47
	20130127	日	東京	4	78	74	60	59	56	55	54	51	48	47	46
★	20161211	日	中京	9	78	75	62	57	56	53	52	51	50	48	47
	20170610	土	東京	11	78	74	61	56	55	53	52	51	50	49	48

★1位76で1～3万馬券をかっ飛ばす！

1位76・2位72～69・10位49（16頭立て）

▼基本買い目（馬単ベース）

3位軸のマルチ（ヒモは9～15位）

押さえ：ヒモ→指数50～47

配当イメージ：1～3万円

●このパターンの総出現数…18レース

1位76の連対率11%　複勝率28%

12	13	14	15	16	馬単	馬連
46	43	42	41	40	18790	10360
47	46	43	41	40	26640	10530
44	43	42	41	40	14080	11980
47	43	42	41	40	28740	7710
47	46	42	41	40	17910	10120
46	43	42	41	40	12490	5450
46	43	42	41	40	11510	7650
47	43	42	41	40	19320	14150
47	46	42	41	40	23700	14770
47	46	42	41	40	11570	8060
47	46	42	41	40	21320	10290
46	43	42	41	40	28840	16310

CLOSE UP!

★2017年3月25日中京2R（3歳未勝利、ダ1800m）

ここでも3位が大活躍。1着は3位68（2番人気）の⑫クリノピョートルが先行2番手から快勝。2着にセオリー通り、下位の②スズカフューラー（10位49、8番人気）が飛び込んだ。馬単は1万1570円。馬連も8060円とオイシイ配当になっている。

1位76時の馬単は万馬券が当たり前!?

1位76となるレースでは、馬連の平均配当は約7200円、馬単では約1万4000円となっている。つまり、1万5000円以上の配当を狙うのは理に叶っているのだ。

この指数配列で、馬単配当が1〜3万円（未満）となったのは18レース。そのうち10レースで、3位が連対以上の結果を残している。ちなみに、1位は2連対、2位は1連対と、ほとんど馬券になっていない（直近12例でもご覧のように大不振！）。

3位が連対する際は、ヒモに9〜15位を取り上げたい。馬単マルチでは14点に及んでしまうが、万馬券決着以上の結果が予想されるだけに一発狙ってみる手はあるだろう。

押さえ馬券としては、指数50〜47を2着付けにした馬単フォーメーションも面白い。その際、1着にはなるべく低順位&低指数の馬もマークすること。混戦レースだったせいもあるのか、配当は2万円台に留まっているが、09年1月25日中京11Rのように11位48→12位47で決着した例もあるのだ。

1位76・2位72〜69・10位49・16頭立て（馬単配当1〜3万円、直近12例）

	日付・レース				1	2	3	4	5	6	7	8	9	10	11
	20081122	土	東京	7	76	69	68	59	58	54	52	51	50	49	47
	20090125	日	中京	11	76	70	65	60	57	55	53	52	50	49	48
	20090307	土	中山	7	76	69	60	59	58	57	54	53	52	49	46
	20090322	日	阪神	8	76	71	70	61	56	53	52	51	50	49	48
	20100711	日	函館	9	76	69	66	58	57	54	53	52	50	49	48
	20080726	土	函館	9	76	70	65	63	58	53	52	51	50	49	47
	20141018	土	東京	1	76	72	65	64	54	53	52	51	50	49	47
	20151128	土	東京	9	76	70	67	65	54	53	52	51	50	49	48
	20160423	土	福島	10	76	72	66	59	57	53	52	51	50	49	48
★	20170325	土	中京	2	76	69	68	63	55	54	52	51	50	49	48
	20170513	土	新潟	12	76	69	65	57	56	54	53	51	50	49	48
	20170521	日	東京	1	76	69	62	59	57	54	53	52	50	49	47

★１位75で目指せ！３万馬券

1位75・2位74～70・4位60（16頭立て）

▼基本買い目（馬単ベース）

４位軸のマルチ（ヒモは７～11位）

応用：３連複フォーメーション　４位―指数49～46―ヒモ

配当イメージ：１万5000円～３万円

●このパターンの総出現数…11レース

１位75の連対率18%　複勝率45%

12	13	14	15	16	馬単	馬連
44	43	42	41	40	27740	9650
45	43	42	41	40	17960	8990
47	46	42	41	40	24310	20220
48	47	46	41	40	27200	11680
44	43	42	41	40	18740	6680
47	46	42	41	40	20740	7730
46	43	42	41	40	15530	9200
45	44	42	41	40	17410	8370
47	46	42	41	40	19250	6850
46	43	42	41	40	23210	17600
47	46	42	41	40	16030	6610

CLOSE UP!

★2017年６月24日東京３Ｒ（３歳未勝利、ダ1400ｍ）

１、２位もそうだが、ここでは３位もアテにできず、４位が主役になる。このレース、１着は差し切った７位52（５番人気）⑭フレンドパリ、２着は逃げ粘った４位60①ヌンジュリエットで決着。馬単は１万6030円（馬連6610円）とマズマズの配当に。

1、2位が地盤低下……ここは4位だ！

1位75・2位74～70という指数配列の時点で、1、2位が信頼できないレースになっていることが少なくない。14年以降、この指数配列となったのは348レースで、1位馬の勝率は24・5％、2位馬の勝率は16・7％だった。

1位75となるレース全体での1位馬の勝率は25・0％、2位馬の勝率は17・0％だったことを考えると、わずかな差とはいえ低下しているのだ。

この並びで馬単の配当が1万5000円～3万円（未満）となったのは03年以降、11レース。そのうち6レースで4位が連対している。過去の出現範囲を考えると、ヒモは7～14位となるが、原則的に11位以内でもOKだろう。

また、4位は3着も2回あり、3連複の軸としても向いている。その際は指数49～46を2軸目とするといいだろう。ヒモ次第だが、3連複でも万馬券が狙える。最低でも5000円以上の配当にはなることだろう。

1位75・2位74～70・4位60・16頭立て（馬単配当1万5000円～3万円）

	日付・レース				1	2	3	4	5	6	7	8	9	10	11
	20060123	月	中山	7	75	72	61	60	57	56	55	54	50	49	45
	20061203	日	中京	8	75	73	67	60	56	52	50	49	48	47	46
	20061217	日	中山	6	75	70	69	60	54	53	52	51	50	49	48
	20080518	日	新潟	6	75	70	61	60	57	54	53	52	51	50	49
	20081228	日	阪神	3	75	73	65	60	57	54	53	51	50	49	47
	20100626	土	福島	1	75	72	63	60	58	53	52	51	50	49	48
	20110105	水	中山	10	75	71	70	60	55	54	53	51	49	48	47
	20110820	土	札幌	10	75	72	66	60	59	53	50	49	48	47	46
	20131214	土	中山	5	75	74	65	60	59	54	52	51	50	49	48
	20160605	日	阪神	12	75	71	70	60	54	52	51	50	49	48	47
★	20170624	土	東京	3	75	74	61	60	57	54	52	51	50	49	48

★10万超のビッグ馬単の獲り方、教えます

8位52・10位50

(18頭立て)

※この並びでは必然的に8位52・9位51・10位50となる

▼基本買い目（馬単ベース）

10位50軸のマルチ（ヒモは5位以下）

配当イメージ：10万円～

●このパターンの総出現数…18レース

1位の連対率0％　複勝率0％

12	13	14	15	16	17	18	馬単	馬連
48	47	46	45	42	41	40	101150	61380
47	46	44	43	42	41	40	154670	63560
48	47	46	43	42	41	40	472520	236860
48	47	46	43	42	41	40	116440	52210
46	45	44	43	42	41	40	126870	49900
48	47	45	44	43	42	40	241190	82570
48	47	46	43	42	41	40	104460	42750
47	46	45	44	42	41	40	220950	89610
47	46	45	44	43	41	40	303650	159950
46	45	44	43	42	41	40	128510	58120
48	46	45	44	42	41	40	185030	82800
48	47	46	43	42	41	40	276500	141760

CLOSE UP!

★2015年4月5日阪神4R（3歳未勝利、芝1600m）

メガ馬単を狙うには上位馬は不要——。なかなか軸を決めにくいパターンだが、本文で推奨の10位が最も無難といえるだろう。このレースも、1着は10位50（12番人気）⑪テルメディカラカラ、2着は8位52（9番人気）②セイントバロースで決着。馬単は18万5030円（馬連8万2800円）と超配当が飛び出した。

波乱サインが2つ揃って大爆発！

03年以降、18頭立てで8位52・10位50（9位51）となったのは513レース。そのうち18レースで、馬単が10万円以上の配当になっている。

5〜10万円未満の配当も23レースあったことを考えると、18頭立てで8位52・10位50のレースの約8％は、馬単ベースで5万円以上が飛び出す乱戦なのだ。

8位52、10位50は波乱サインと呼ばれるが、あながち間違いじゃないのがわかるだろう。8％という数字は小さく見えるかもしれないが、12〜13レース中1レースの割合で馬単5万円以上と聞けば印象も異なるはず。

さすがに10万円以上の配当ともなると、5位以内の連対はほぼない。また、指数最下位となる40（18位）の馬も連対は厳しい。

この配当ゾーンを狙うのは無謀という気がするところもあるが、10位50馬を軸に取りマルチで流すのが、ひとつの狙い目だ。直近12例では3回だが、18レース中6レースで的中した計算となる。同居馬を含めて枠の6、7位に入った馬がヒモのポイント。連対数は少なくても5位以下に手広く流したいところだ。

8位52・10位50・18頭立て（馬単配当10万円以上、直近12例）

日付・レース				1	2	3	4	5	6	7	8	9	10	11
20081220	土	中京	11	78	75	62	60	58	56	54	52	51	50	49
20090405	日	阪神	5	76	71	66	59	57	55	54	52	51	50	48
20091226	土	中山	5	85	68	61	58	56	54	53	52	51	50	49
20100829	日	新潟	6	86	67	63	59	56	54	53	52	51	50	49
20110123	日	小倉	3	68	67	66	65	61	57	54	52	51	50	49
20110501	日	京都	7	74	72	62	60	57	56	54	52	51	50	49
20110522	日	東京	11	84	78	57	56	55	54	53	52	51	50	49
20111218	日	阪神	8	70	68	63	59	56	54	53	52	51	50	48
20120623	土	阪神	11	80	61	60	57	56	55	53	52	51	50	48
20131214	土	中京	11	81	69	62	59	58	57	53	52	51	50	48
★20150405	日	阪神	4	76	67	65	63	61	57	54	52	51	50	49
20150502	土	東京	5	86	70	65	57	55	54	53	52	51	50	49

ここから実践編！その前に……

コンピは1位指数である程度、レースの性格がわかるようになっている。

1位90や88というレースは、リアルオッズでも圧倒的1番人気に推されていることが少なくない。

1位90の場合、連対率は71・4％ある。圧倒的人気が予想されることから、相手馬によほど人気薄を連れてこないと、馬連や馬単で万馬券以上の配当を得るのは厳しい。一方で、1位90となるレースでも馬連万馬券、馬単2万円以上の配当となるレースは10％弱もあるのだ。

リアルオッズでも、データ上、単勝1倍台の馬の連対率は68・6％と7割近いレースで連対している。それでも単勝1倍台の馬が10頭いれば、3、4頭は3着以下になってしまう。

こうした数字を高いと見るか、低いと見るかは様々な意見もあると思うが、1位90のレースだからといって、必ずしも堅い決着ばかりとは限らないのだ。

馬連ベースで検証すると、1位84、83での万馬券出現割合の高さが目立つ。一般的に1位80台で馬連万馬券を狙うよりも、70台のほうが荒れると思われがち。だが、少なくとも1位79よりは1位84、83に該当するレースのほうが、馬連万馬券決着になりやすいのがわかるだろう。

一方で、1位84、83は馬連万馬

★3連単10万馬券以上

1位	本数	割合
90	97本	16.1%
88	144本	18.6%
87	25本	19.1%
86	189本	21.9%
85	64本	21.1%
84	205本	23.4%
83	126本	25.8%
82	205本	22.8%
81	148本	22.9%
80	211本	24.6%
79	150本	23.5%
78	226本	28.5%
77	165本	26.1%
76	185本	30.2%
75	159本	30.8%
74	146本	29.4%
73	116本	29.6%
72	95本	27.4%
71	88本	35.5%
70	62本	33.3%
69以下	87本	31.9%

総数2901本

●資料　券種・配当別の出現分布本数一覧

（2014年1月5日～17年6月25日）

★馬連万馬券

1位	本数	割合
90	57本	9.5%
88	76本	9.8%
87	15本	11.5%
86	106本	12.3%
85	36本	11.9%
84	132本	15.0%
83	91本	18.6%
82	114本	12.7%
81	80本	12.4%
80	117本	13.6%
79	81本	12.7%
78	106本	13.4%
77	94本	14.9%
76	103本	16.9%
75	76本	14.7%
74	70本	14.1%
73	69本	17.6%
72	45本	13.0%
71	38本	15.3%
70	34本	18.3%
69以下	43本	15.8%

総数1589本

★馬単２万馬券以上

1位	本数	割合
90	58本	9.6%
88	84本	10.8%
87	16本	12.2%
86	108本	12.5%
85	33本	10.9%
84	130本	14.9%
83	85本	17.4%
82	104本	11.6%
81	78本	12.1%
80	116本	13.5%
79	74本	11.6%
78	110本	13.9%
77	96本	15.2%
76	93本	15.2%
75	74本	14.3%
74	66本	13.3%
73	61本	15.6%
72	46本	13.3%
71	35本	14.1%
70	28本	15.1%
69以下	35本	12.8%

総数1535本

★３連複２万馬券以上

1位	本数	割合
90	94本	15.6%
88	126本	16.3%
87	19本	14.5%
86	170本	19.7%
85	55本	18.2%
84	185本	21.3%
83	112本	22.9%
82	191本	21.3%
81	122本	18.9%
80	190本	22.1%
79	135本	21.1%
78	187本	23.6%
77	148本	23.4%
76	168本	27.4%
75	145本	28.1%
74	134本	27.0%
73	103本	26.3%
72	89本	25.7%
71	76本	30.6%
70	54本	29.0%
69以下	83本	30.4%

総数2595本

券になる確率は高いものの、3連系の3連複2万円超、3連単10万円超の配当となると、馬連や馬単ほど高い値となっていない。細かくつき合わせて検証する必要はあるものの、おそらく1位馬が連対はできなくても、3着は死守するというケースが多く見られるからだろう。

1位84、83という値は、90や88のように圧倒的1番人気にはなっていなくても、2~3倍台のオッズ帯を示していることが多い。それが連対できずに馬連万馬券や、馬単2万超の決着になっても、3着に入ることで、3連複では2万円未満の配当に留まり、3連単では10万円に届かないケースもあるということ。

一方で、1位71は馬連万馬券、

馬単2万超の出現割合では1位84とほとんど変わらない値を示しているが、3連複2万円超、3連単10万円超の出現割合は比べものにならないほど高い。

1位71のレースでは、3連単10万円超の配当となるレースが35％もあるのだ。つまり、1位71は3レースに1レース、3連単で10万円超の配当が飛び出すということ。14年以降、1位71は248レースあったが、88レースで3連単10万円超の配当となっていると聞くと、少なくともコンピ上位馬同士の馬券を買う必要がないというのが理解できる。

ハイパーサーチは、コンピの神様こと故・飯田雅夫氏が残したハイパーナビゲーションをベースにしている。

ハイパーは1位や2位指数の配列から、軸となる馬や馬券になる範囲の馬を導き出すという手法だ。さらに本書ではハイパーの理念に「配当」というファクターを加えて検索しやすいようにした。

具体的には、3章までで紹介したように、配当と指数配列からバイアス（偏り）の強い、日刊コンピの買い目候補を紹介している。

3連複、3連単では軸馬と相手馬がハッキリとわかる指数配列を掲載し、馬連、馬単レベルでは軸がしっかりと連対できているパターンを掲載するように心がけている。

この章では、3章までに紹介したパターンから的中した例と、指数配列の検索方法、コンピ・ファンが馬券を購入するうえでぶつかる問題について触れていく。

1位指数との組み合わせで検索する

日刊コンピを使用し、出現の偏りを検索する際は、1位指数と他の順位の指数を絡めて検索するのがポイントだ。

一番わかりやすいのは、**出現数が多く、偏りが見られる順位や指数を狙う**というもの。

もうひとつのパターンは、**あまりにも出現がない順位や指数の反動**を「大数の法則」から期待するというものだ。

ハイパーサーチは配当もファクターとして取り込んでいるため、一定程度、出現する順位や指数の範囲がわかりやすい。

例えば3連単50万円超の配当ともなれば、1、2位が1着する確率は低くなるというもの。この場合、1、2位の出現率が低いからといって、反動を期待して狙うのは大きなマイナスだ。

一方、3連複で1万円未満の配当を狙う際は、頭数にもよるが、極端な低順位の馬を狙っていては、まず馬券が的中しないはず。配当イメージによって、ある程度、出現する順位（指数）を絞り込んでいくと、おのずと狙い目がわかってくることだろう。

●17年3月5日小倉3R……3連単13万1130円

このレースは、2章で紹介した**「1位77・3位64〜62・5位60〜58・10位48」**（P122〜123）に該当している。

1位77のレースは馬連、馬単レベルで万馬券となる確率は、他の1位指数と比較しても、そこそこ高い値を示している。指数上位馬を軸にする際は、ヒモや2着に下位馬をマークしたいところだ。

●2017年３月５日・小倉３Ｒ（３歳未勝利、芝1200ｍ）

指　数	1	2	3	4	5	6	7	8	9	10	11	12	13	14	15	16	17	18
３　R	⑫77	⑰68	⑬64	⑤60	④59	⑨55	②53	⑮52	⑩51	③48	⑪47	⑭46	⑱45	⑧44	①43	⑥42	⑯41	⑦40

１着⑬トーホウビスカヤ
（３位 64・３番人気）
２着⑩コウエイダリア
（９位 51・４番人気）
３着⑮サンブリリアント
（８位 52・８番人気）

単⑬ 800 円
複⑬ 240 円　⑩ 320 円　⑮ 620 円
馬連⑩ー⑬ 4740 円
馬単⑬→⑩ 8080 円
３連複⑩⑬⑮ 30730 円
３連単⑬→⑩→⑮ 131130 円

このレース、1位77で1番人気（単勝3・1倍）だったのが⑫キラービューティ。この1位指数では、馬単、3連単ベースならなるべく1着には置きたくない馬だ。2位68で2番人気（3・9倍）だったのが⑰ラニカイワヒネ、3位64で3番人気（8・3倍）だったのが⑬トーホウビスカヤである。

指数と順位を抜き出すと、1位77、2位68、3位64となっていた。そもそも1位の指数が高くない状況で、2、3位の指数差が少ないというのは、上位馬が混戦というレースなのは間違いない。しかも、5位5番人気（10・4倍）の④モアナブルーも指数59とまずまず高い値である。3連単で5～10万円超の配当も視野に入ってくる。

この指数配列と配当ゾーンで、2章で推奨した3連単の〈基本買い目〉は次の通り（2章の推奨パターンは、実際に馬券を購入しながら変化していった部分があるということはご了承いただきたい）。

・1位→2、3、9位→ヒモ
・3位→1、2、9位→ヒモ
・2～3位→9位→ヒモ

ポイントは上位馬が馬券になっても9位が絡むかどうかで、3連単の配当が5万円弱になるのか、20万円近くになるのか違ってくるということだ。

このレースで、9位51の⑩コウエイダリアは4番人気（単勝8・3倍）というSPG馬。つまり、上位馬と9位を組み合わせた3連単の出現が高まっている状況といえる。

フォーメーションで1位が1、2着に入っているのは、本稿冒頭でも紹介した通り、馬連、馬単ベースでは波乱度は高いものの、3連単ベースでは平均的のため。つまり、馬連、馬単で万馬券以上の配当になっても、3着には1、2位がくい込んでいることを証明しているのだ。ただ、このレースは18頭立てでもあり、紛れも考えられる。

ここで掲載しているのは、3位→1、2、9位→ヒモの的中馬券だ。ヒモは指数が低くても積極的に押さえた。9位が2着なら、3着馬によっては10万円超の配当も見込めるからだ。

結果、1着は3位⑬トーホウビスカヤ、2着9位SPG馬⑩コウエイダリア、3着8位52(8番人気)⑮サンブリリアント。馬単は購入していなかったものの、⑬→⑩の配当は8080円とまずまずの好配当だった。3連単は1、2位が飛んだこともあり、13万1130円という配当をつけた。2章でも書いたが、SPGに該当する9位の2着付け3連単という手もあっただろう。

●2~4位が1、2着なら、3連単4~6万馬券が獲りやすい
17年6月10日東京12R……3連単6万990円

3章まで様々なハイパーサーチを紹介してきたが、指数配列に関わらず、2位&3位、2位&4位、3位&4位を組み合わせた3連単馬券は5万円前後の配当で、まずまずといったところだ。

このレース、1位83で1番人気(単勝2・5倍)が②ショウナンアンセム。2位71で2番人気(3・9倍)が⑭スカルバン、3位69で3番人気(5・0倍)が⑮ナンコーアミーコという具合。

2章「**1位83・2位71~68・3位69~65**」(P104~105)に該当。先述したように1位83は馬連万馬券、馬単2万馬券以上になる確率も非常に高く、1、2着ベースでは波乱となる可能性もあるが、3連単の配当を5~10万円(未満)で検索すると、2~4位の馬で1、2着する傾向があった。

●2017年６月10日・東京12Ｒ（３歳上500万下、芝1400ｍ）

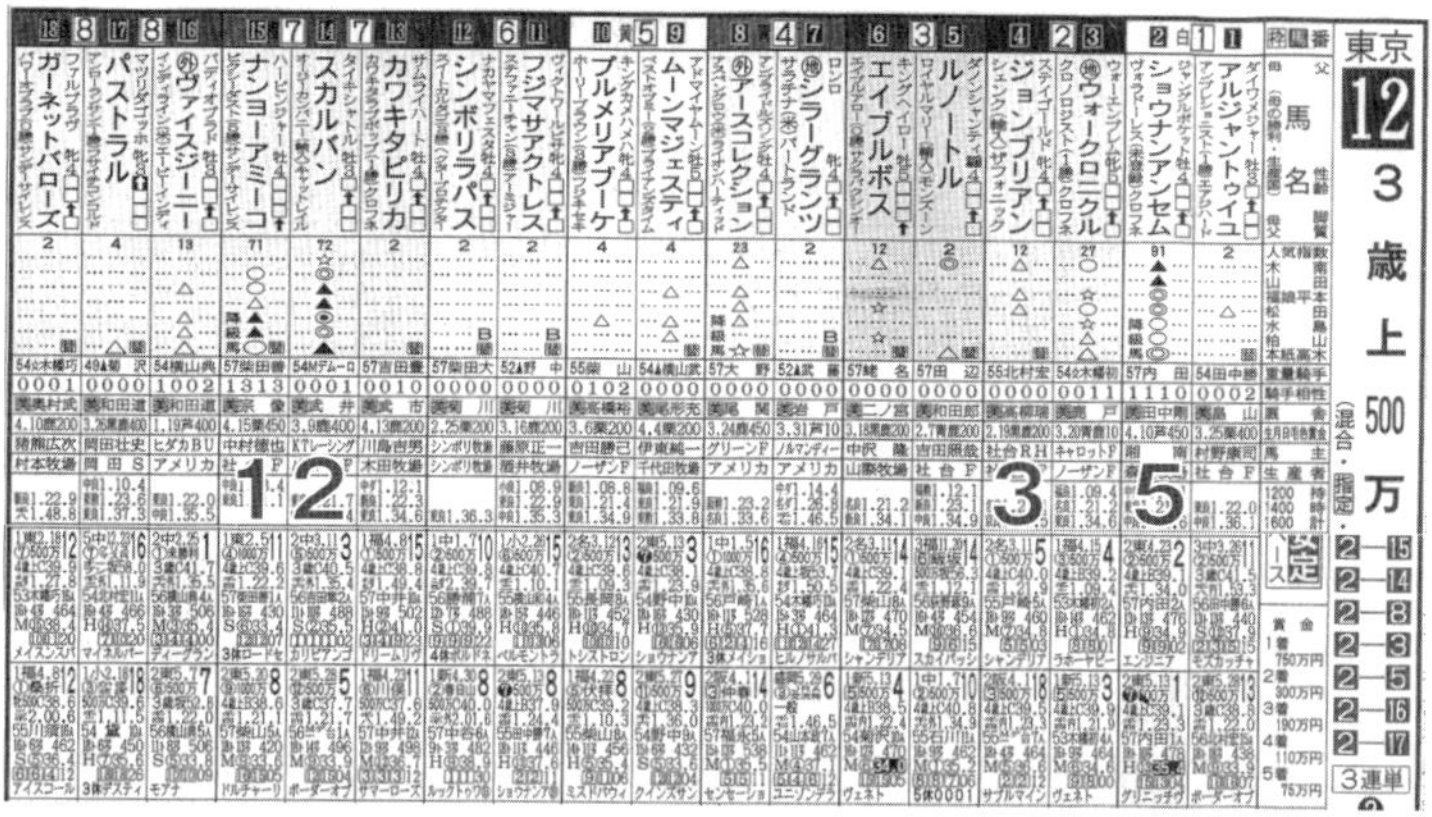

東京 12 ３歳上500万（混合・指定）

馬番	馬名
18	ガーネットバローズ
17	パストラル
16	ヴァイスジーニー
15	ナンヨーアミーコ
14	スカルバン
13	カワキタピリカ
12	シンボリラパス
11	フジマサアクトレス
10	プルメリアブーケ
9	ムーンマジェスティ
8	アースコレクション
7	シラーグランツ
6	エイブルボス
5	ルノートル
4	ジョンブリアン
3	ウォークロニクル
2	ショウナンアンセム
1	アルジャントゥイユ

馬番能力順位	1	2	3	4	5	6	7	8	9	10	11	12	13	14	15	16	17	18
12　R	❷ 83	⑭ 71	⑮ 69	⑧ 59	③ 58	④ 57	⑥ 56	⑯ 55	⑩ 54	⑨ 53	⑫ 52	⑱ 51	⑬ 50	① 49	⑪ 48	⑰ 47	⑦ 46	⑤ 40

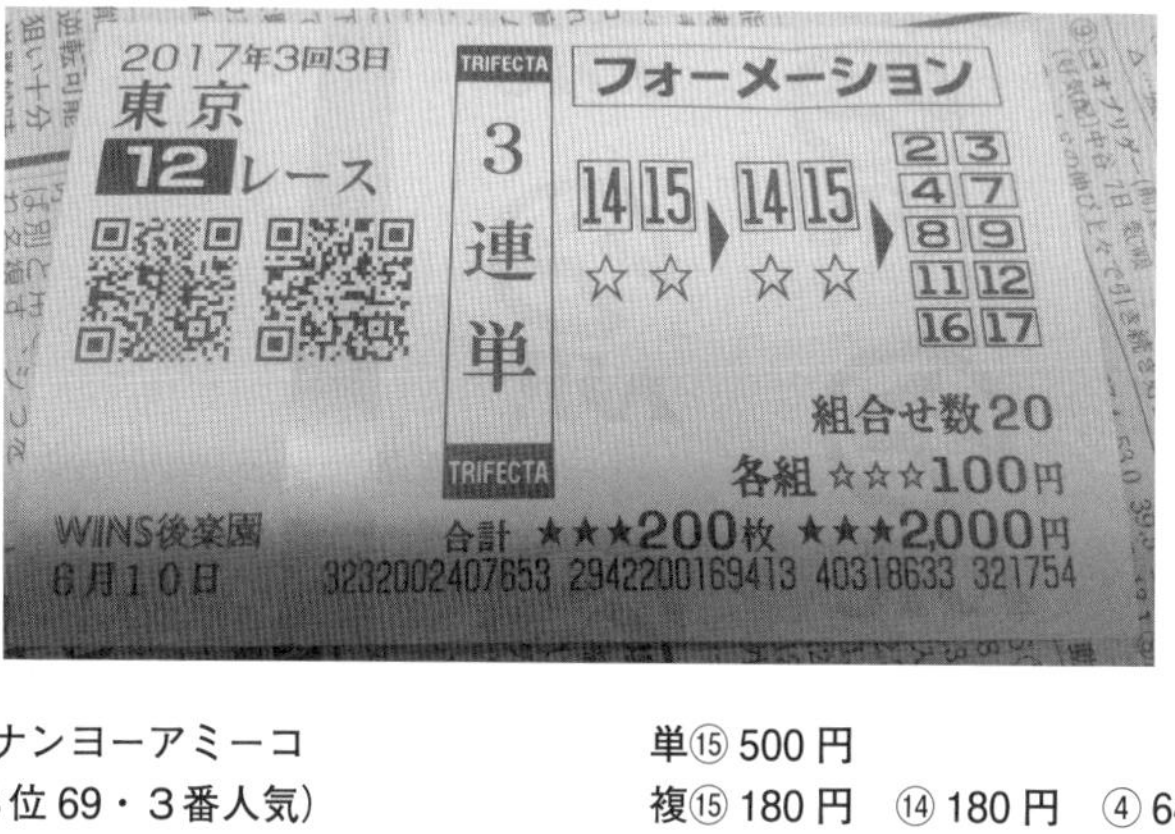

１着⑮ナンヨーアミーコ
（３位 69・３番人気）
２着⑭スカルバン
（２位 71・２番人気）
３着④ジョンブリアン
（６位 57・８番人気）

単⑮ 500 円
複⑮ 180 円　⑭ 180 円　④ 640 円
馬連⑭ー⑮ 1230 円
馬単⑮→⑭ 2320 円
３連複④⑭⑮ 13550 円
３連単⑮→⑭→④ 60990 円

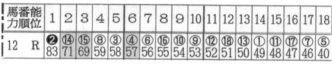

取材班のあくまでも感覚で書いてしまうが、1位が危険馬だという際には、1、2着には2～5位の4頭のうち、2頭が来るという馬券が狙いやすいし、実際に出現しやすい。3着に1位が入っても3連単は5000円以上になることが大半だし、ヒモがズレれば5万円前後の配当にありつけるケースが増える。

この指数配列で3連単配当が5～10万円未満となるレースでは、5位が大不振で、あっても3着まで。ということで2～4位の馬を1、2着に置いて買えばいいというのが結論だ。

馬券は2位⑭スカルバンと3位⑮ナンヨーアミーコを1、2着に置いたもの。2章の〈基本買い目〉ではヒモ（3着）は10位以内と記したが、18頭立てのレースだったことも考え、手広く購入することになった（馬券購入時はあくまでも実践と検証を繰り返していたため点数を広げている）。

結果、1着⑮ナンヨーアミーコ、2着⑭スカルバン、3着6位57（8番人気）の④ジョンブリアンで決着し3連単6万990円となった。資金に余裕のある人は、1位83の場合、1、2着が波乱となる馬連、馬単を併用して購入する手もありだろう。

馬連、馬単ベースで慣れること

●17年6月10日東京11Rアハルテケ S……馬単1万7920円

一発逆転を狙うという意味では、どうしても3連複、3連単を購入してしまいがちだが、3頭すべてをきっちりと捕まえるのは難しいもの。

飯田氏は生前、「コンピ（指数）1違いは大違い」という名言を残したが、ヒモをあと1頭押さえて置かなかったために、大万馬券を逃してしまう可能性を持っているのが3連複、3連単

●2017年６月10日・東京11Ｒアハルテケ S
（ＯＰ、ダ1600m）

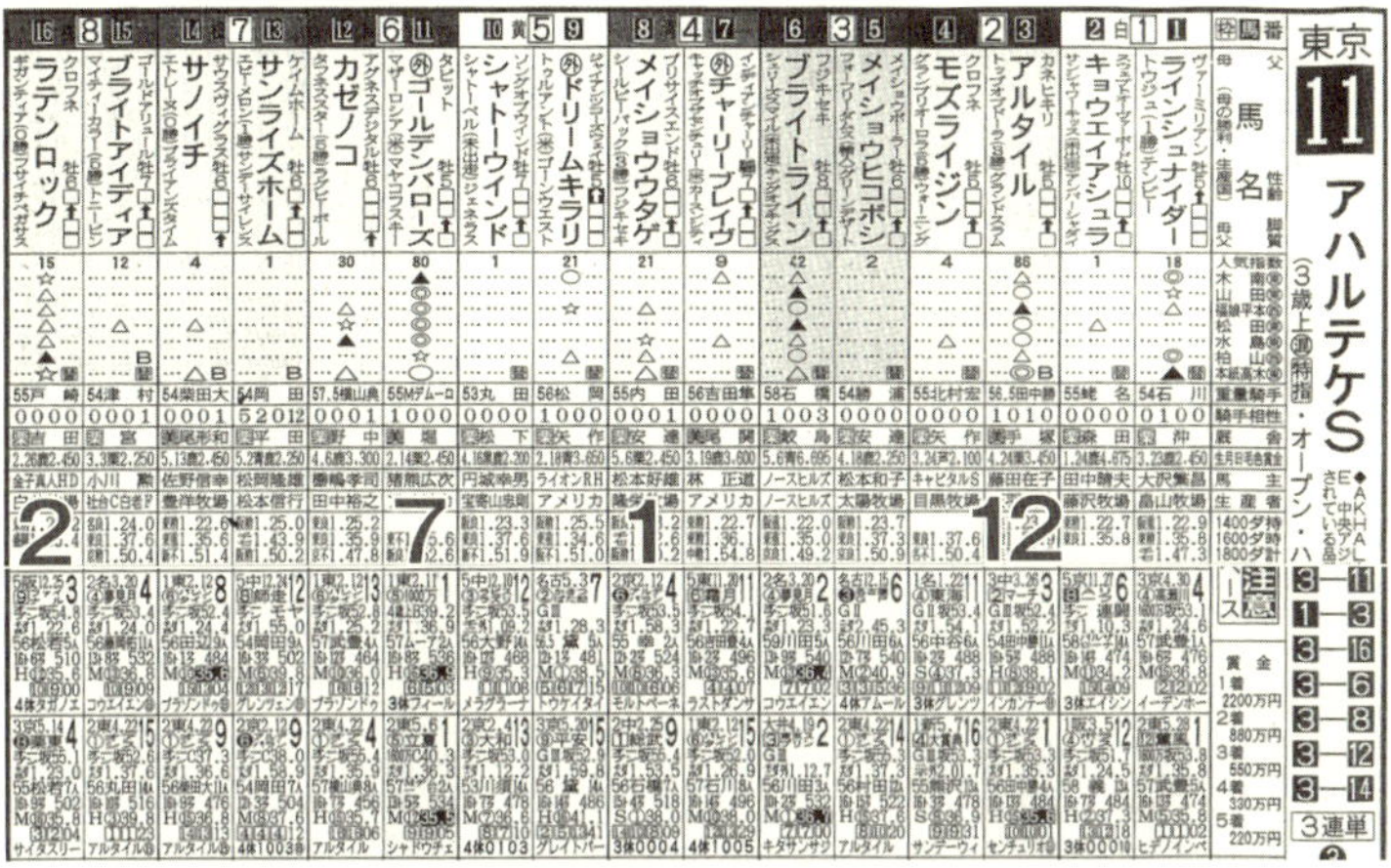
東京 11 アハルテケS（3歳上(混)(特指)・オープン・ハ）

馬番	馬名
1	ラインシュナイダー
2	キョウエイアシュラ
3	アルタイル
4	モズライジン
5	メイショウヒコボシ
6	ブライトライン
7	チャーリーブレイヴ
8	メイショウウタゲ
9	ドリームキラリ
10	シャトーウインド
11	ゴールデンバローズ
12	カゼノコ
13	サンライズホーム
14	サノイチ
15	ブライトアイディア
16	ラテンロック

馬番能力順位	1	2	3	4	5	6	7	8	9	10	11	12	13	14	15	16
11　R	③78	⓫74	⑥61	⑫56	⑨55	⑧53	⑯52	⑮51	①50	⑦49	④48	⑭47	⑤46	②42	⑩41	⑬40

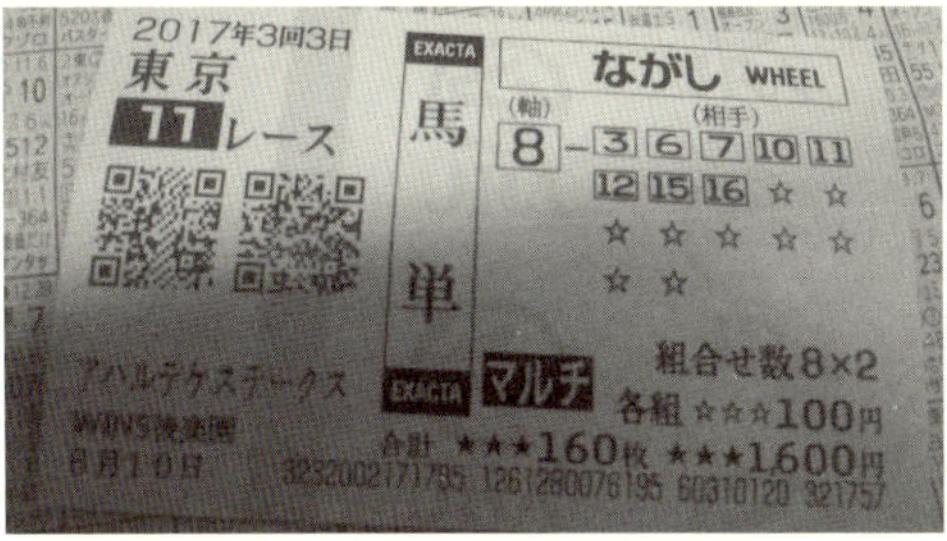

１着⑧メイショウウタゲ
　（６位 53・８番人気）
２着⑯ラテンロック
　（７位 52・４番人気）
３着⑦チャーリーブレイヴ
　（10 位 49・10 番人気）

単⑧ 1730 円
複⑧ 440 円　⑯ 340 円　⑦ 1270 円
馬連⑧－⑯ 8600 円
馬単⑧→⑯ 17920 円
３連複⑦⑧⑯ 89820 円
３連単⑧→⑯→⑦ 573430 円

である。

難易度の高い3連系の馬券より、コンピを使って馬単、馬連レベルで的中できるようになることから始めたい。

このレースは、馬単（馬連）が的中しやすかったレースだろう。3章「**1位78・2位75、74・3位62〜60・5位56、55・6位55〜53**」（P160〜161）で紹介したように3位軸マルチ、または6位を1着固定にした馬単で的中しやすいからだ。

1位78で2番人気（単勝3・7倍）だったのが③アルタイル、2位74で1番人気（2・3倍）が⑪ゴールデンバローズ、3位61で7番人気が⑥ブライトラインという状況で、1〜3位と1〜3番人気馬が一致しない。1位と2位は、1番人気と2番人気馬が入れ替わっただけだが、この手のレースは荒れる傾向が強い。しかも1位78のレースは、3連単ベースなら波乱傾向が強いのもわかっている。

この指数配列で馬単配当1〜3万円（未満）の〈基本買い目〉は、3位または6位が軸となるが、ここで3位は裏PG馬に該当。裏PG馬は場合によって、買いとなることもあるのだが、原則として軸にする必要はない。ということで、6位1着付けの馬単を選択するのが正解となる。

ただ、本書取材班が馬券を購入する際は、6位軸マルチを選択してしまった。というのも6位が1、2着に来て、相手が人気薄の場合、馬単でも並みの万馬券以上の配当が望める可能性もあったからだ。このあたりは、予算との兼ね合いもあるが、馬単、馬連レベルであれば、1着固定に固執せず、マルチを選択することも的中率をアップさせる秘訣かもしれない。

レースの結果は、6位53（8番人気）の⑧メイショウウタゲ1着、7位52（4番人気、PG馬）⑯ラテンロック2着。馬単には関係ないが、3着には10位49（10番人気）⑦チャーリーブレイヴが入った。

結果として6位1着固定の馬単でよかったのだが、1、2着の着差（0秒1）を考えると、マルチを購入していたのは仕方がないことだろう。馬連では8600円と惜しくも万馬券にならなかったが、馬単の配当は1万7920円だった。

2万円を割ったのは、2着に入った⑯ラテンロックがPG馬だったことを影響したはず。コンピ順位よりも単勝人気が3以上高い馬だったのだ。3着に入った⑦チャーリーブレイヴとの馬単も持っていたので、同馬が2着に入った場合のオッズを調べてみると、馬単なら6万8170円をつけていた。2、3着馬の差は1馬身（0秒2）差あったが、思わずタラレバをいってしまう気持ちも理解してもらえるのでは。

ちなみに3連複は8万8920円、3連単は57万3430円。3連単では10万円以上となる確率が高いというのも、1位78の特徴と指摘した通りの結果となったのだ。

●1位90、1位88は連を外しただけで万馬券
17年6月24日11R夏至S……馬単1万7920円

3章「1位88・3位58・6位54〜52」（P140〜141）で紹介したように、この並びでは、約13％の確率で馬単で1万円以上となっている。馬単2万円以上のレースも10・8％ということを考えると、1位88のレースの約1割は連対ベースでは荒れているということだ。

1位88は90に次ぐ指数値で、圧倒的1番人気になっていることが多いのは紹介した通り。3着になっただけで、馬単レベルではすぐに万馬券になってしまう。

このレースの結果を先に記そう。1着は6位54で6番人気（単勝22・4倍）⑥ルールソヴァール、

●2017年6月24日・東京11R夏至S
（3歳上1600万下、ダ1600m）

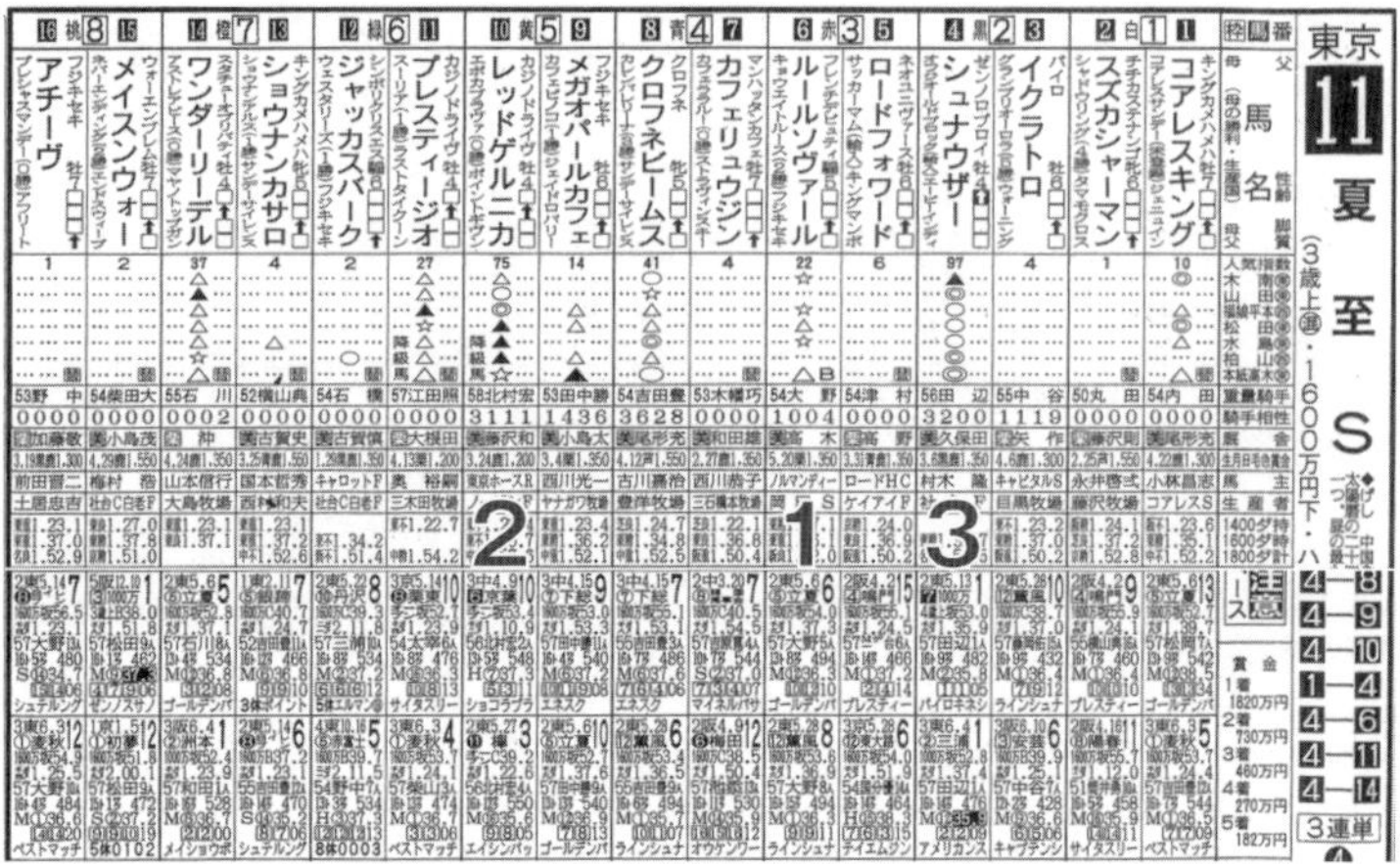

馬番	馬名	騎手
1	コアレスキング	54内田
2	スズカシャーマン	50丸田
3	イクラトロ	55中谷
4	シュナウザー	56田辺
5	ロードフォワード	54津村
6	ルールソヴァール	54大野
7	カフェリュウジン	53木幡巧
8	クロフネビームス	54吉田豊
9	メガオパールカフェ	53田中勝
10	レッドゲルニカ	58北村宏
11	プレスティージオ	57江田照
12	ジャッカスパーク	54石橋
13	ショウナンカサロ	52横山典
14	ワンダーリーデル	55石川
15	メイスンウォー	54柴田大
16	アチーヴ	53野中

馬番能力順位	1	2	3	4	5	6	7	8	9	10	11	12	13	14	15	16
11 R	❹ 88	⑩ 73	⑭ 58	⑧ 57	⑪ 55	⑥ 54	① 53	⑨ 52	⑤ 51	⑬ 50	⑦ 49	③ 48	⑮ 47	⑫ 46	② 41	⑯ 40

1着⑥ルールソヴァール
（6位54・6番人気）
2着⑩レッドゲルニカ
（2位73・2番人気）
3着④シュナウザー
（1位88・1番人気）

単⑥ 2240円
複⑥ 290円 ⑩ 170円 ④ 110円
馬連⑥－⑩ 6500円
馬単⑥→⑩ 16770円
3連複④⑥⑩ 2140円
3連単⑥→⑩→④ 33240円

2着2位73（2番人気）⑩レッドゲルニカ、3着1位88（1番人気、1・4倍）の④シュナウザーというものだった。

配当は馬連650０円、馬単1万6770円、3連複2140円、3連単3万3240円。上位馬は1、2着がハナ、2、3着がアタマという着差でゴール前は横一線だったのがわかる。

1位88の④シュナウザーも凡走したともいえない着差だが、ちょっと取りこぼして3着になってしまっただけで、馬単の配当は万馬券決着に。終わってみれば、6位↓2位という、それほど波乱とはいえない結果だが、圧倒的人気になっていた1位88が3着にコケただけで、馬単万馬券となってしまった例といっていい。

つまり、1位90や88となるレースでも、約8レース中1レースの割合で、馬単万馬券が出現するということを肝に銘じておくことが重要だ。その際は、比較的上位馬同士の決着でも万馬券になると覚えておこう。

日刊コンピとリアルオッズの関係でわかること

●17年6月11日東京9R小金井特別……馬単2万8070円、3連複10万1630円

とても悩ましい状況で的中した例、それがこのレースだ。1位79で1番人気（単勝2・1倍）の⑨インフェルノの取捨選択が大きなポイントだった。

単勝1倍台に支持された1位79馬の複勝率は、14年以降85・0％あった。同期間における1位90の複勝率が82・2％ということを考えると、1位79の単勝1倍台がいかに堅い複軸となるかわかるはず。さらに1位90で単勝1倍台の馬の複勝率は85・4％。指数差を考えると、1位79の単勝1倍台は健闘して走っているといっていい。

●2017年６月11日・東京９Ｒ小金井特別
（３歳上1000万下、ダ1400ｍ）

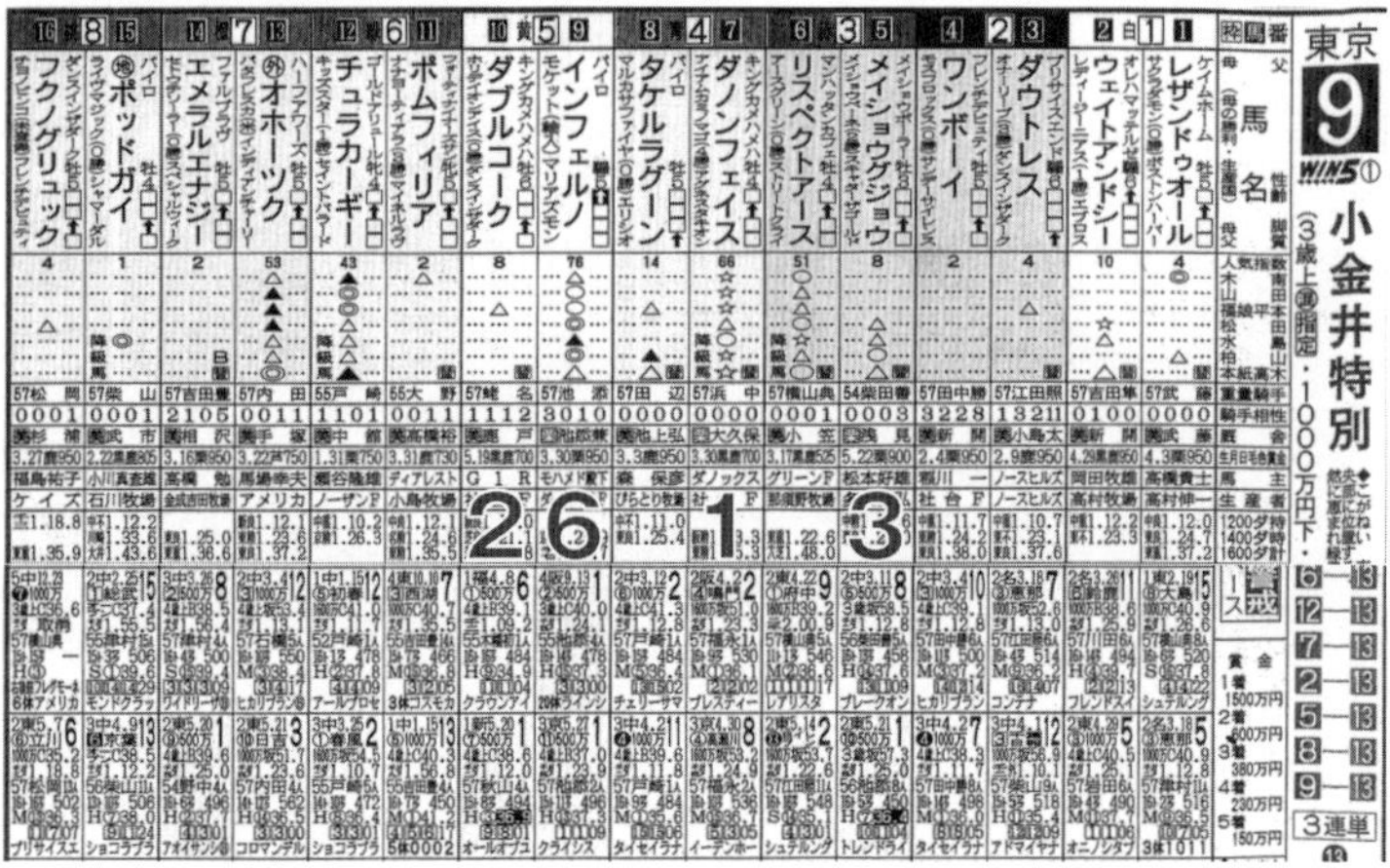

馬番能力順位	1	2	3	4	5	6	7	8	9	10	11	12	13	14	15	16
９　Ｒ	⑨79	⑦70	⑥63	⑬61	⑫60	⑧55	②54	⑩53	⑤52	⑯51	③50	①49	⑪48	⑭47	④46	⑮40

１着⑦ダノンフェイス
　（２位 70・３番人気）
２着⑩ダブルコーク
　（８位 53・12 番人気）
３着⑤メイショウグジョウ
　（９位 52・８番人気）

単⑦ 580 円
複⑦ 210 円　⑩ 1010 円　⑤ 750 円
馬連⑦－⑩ 17030 円
馬単⑦→⑩ 28070 円
３連複⑤⑦⑩ 101630 円
３連単⑦→⑩→⑤ 542110 円

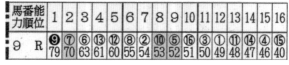

ちなみに、1位80の単勝1倍台の複勝率は73・3％、1位78の単勝1倍台の複勝率は77・4％というもの。いかに1位79の1倍台の馬が堅い複軸となっているのかがわかるだろう。

⑨インフェルノの単勝オッズは最終的に2・1倍だったが、途中は2・0～2・2倍を行ったり来たり。前日オッズの段階では1倍台になる局面も多くあったのだ。つまりこのレースでは、1位79の⑨インフェルノが堅い軸なのかどうかがカギとなる。1位79が単勝2倍台になってしまうと、複勝率は約65％まで大幅に低下してしまうからだ。

そこで本書取材班は2面作戦を敢行することにした。1位79の馬が単勝オッズ1倍台に入って勝ち切る場合と、単勝オッズ2倍台になってしまうパターンを考えて購入することにした。

馬単馬券は、1着に1位79⑨インフェルノと2位70（3番人気）⑦ダノンフェイスを置いた馬券を購入。今回、法則化までにはならなかったが、「1位79・2位70・3位69～63」で検索すると18レースが該当。そのうち、1位または2位が勝利したのが8レース。1、2位のどちらか1頭が連対したのが15レースあったからだ。

その場合、相手となるのが指数56～52といったところ。馬単のヒモは7位54（10番人気）②ウェイトアンドシー、15位46（9番人気）④ワンボーイ、9位52（8番人気）⑤メイショウグジョウ、8位53（12番人気）⑩ダブルコークを指名。2着が人気薄で高配当を狙う戦略だ（15位46の④ワンボーイはSPG馬）。

あとは裏PG馬だった8位⑩ダブルコークを軸にしての3連複馬券も購入。裏PG馬なのに、購入したのは枠の1位が強力だったため。1位馬と同居していた馬のどちらかが馬券になるケースも目立っていたからだ。ただ、このあたりはあくまでも過去の結果を検証していての推測も多く含まれているため、仮説の類といっていい。

レースの結果は、その仮説が見事にハマった。1着に2位70の⑩ダノンフェイス、2着に8位53の⑩ダブルコーク、3着に9位52の⑤メイショウグジョウが入って、馬単2万8070円を300円分的中。

3連複もヒットし、約5000円が18万円強となったのだ。ラッキーも含まれていたが、1位79の⑨インフェルノは最終的に2倍を割ることができなかったのも影響したのか、馬券圏外（6着）に敗れ去っている。

コンピの1日の流れをつかむのも重要
●17年6月24日阪神7R……3連複2万3130円

ハイパーサーチはコンピ指数のデータが揃わないと実践で試せない局面もあるが、コンピ馬券術を簡単に楽しむのであれば、前日（土曜日の場合は前週日曜日）、当日の順位の出現動向に着目し、複数回出現している順位の馬から攻めるのもありだ。

当然、1～5位までは複数回出現することも多いので、狙いは6位以下ということになる。紙幅の関係で一部省略するが、このレースでは1着1位73で1番人気（単勝4・1倍）の⑩オンリーワンスターが勝利。2着に12位48（10番人気）①ゼットパール、3着7位53（5番人気）⑫ブルーミンで決着し、3連複2万3130円の配当となった。

このレースでは馬券のように、⑫ブルーミンを1軸目に据えた3連複が的中した。⑫ブルーミンを軸にしたのは、指数配列上、7位が面白い可能性があると認識していたのと、最終的に単勝オッズが10倍を割っていたのもポイントだった。

7位の複勝率は17・5％程度なのだが、7位が最終的に単勝10倍未満になっていた際は複勝

●2017年6月24日・阪神7R（3歳上500万下、ダ1200m）

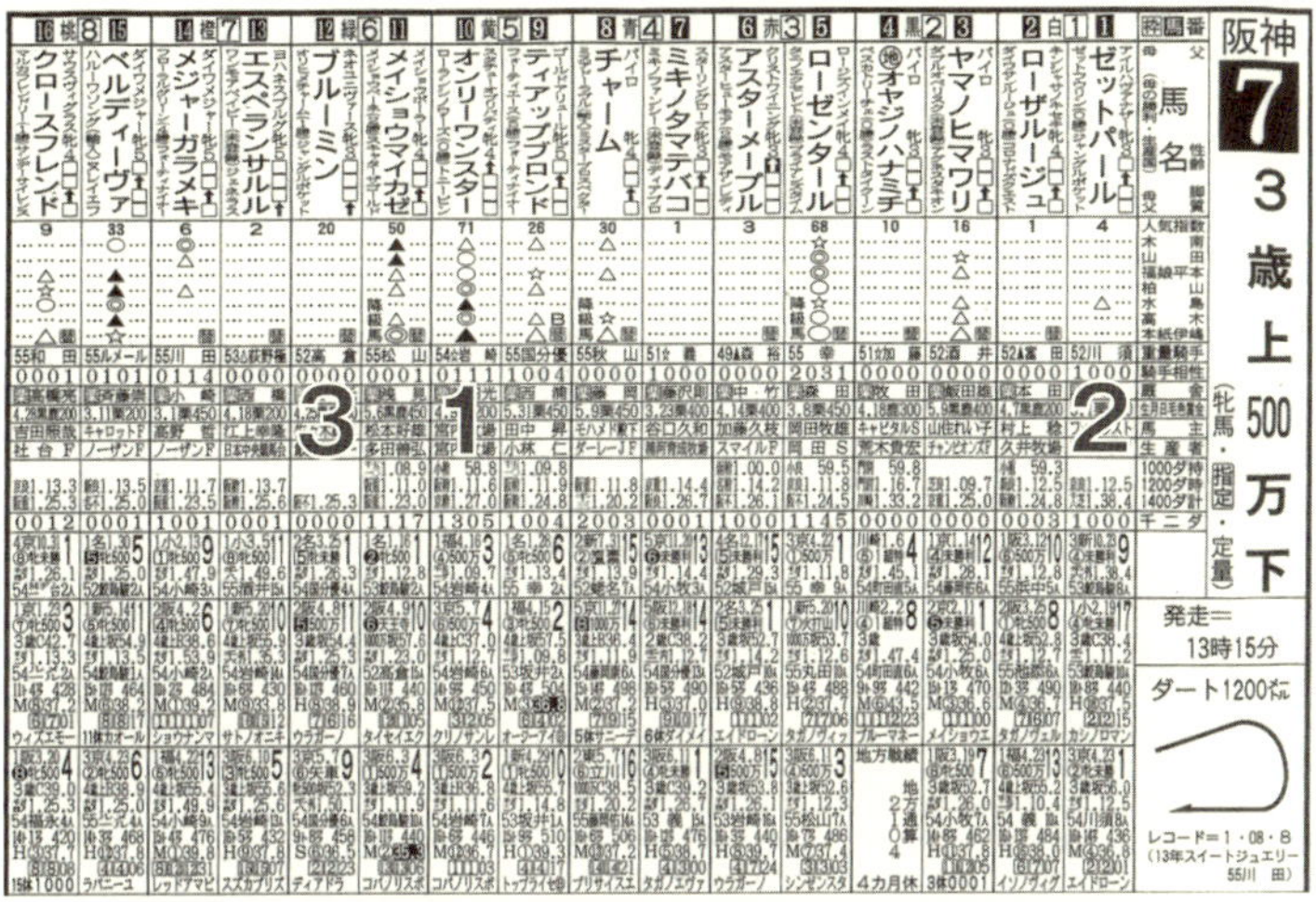

指数	1	2	3	4	5	6	7	8	9	10	11	12	13	14	15	16
7R	⑩73	❺71	⑪62	⑮58	⑧57	⑨56	⑫53	③52	④51	⑭50	⑯49	①48	⑬47	⑥46	⑦41	②40

1着⑩オンリーワンスター
（1位73・1番人気）
2着①ゼットパール
（12位48・10番人気）
3着⑫ブルーミン
（7位53・5番人気）

単⑩410円
複⑩180円 ①690円 ⑫330円
馬連①−⑩6510円
馬単⑩→①10460円
3連複①⑩⑫23130円
3連単⑩→①→⑫132230円

率が33・1％までハネ上がるからだ。⑫ブルーミンは8倍台から10倍未満を直前までウロウロとしていたので、穴なら面白いと抜擢したのである。それがハマっての的中劇となった。

この日の阪神競馬は1～6Rまで比較的堅い決着が続いていたのも転機となったはず。当たり前だが、堅いレースばかり、荒れるレースばかり続くものではない。

●17年6月24日阪神8R……3連複2万5290円

そして迎えた阪神8R。3連複の軸にしたのは7位52で7番人気（単勝19・2倍）の⑬サトノアルカディアである。

コンピは波乱レースが出現すると、その順位の馬が1日に複数回出現することがしばしばある。例えば、17年5月21日の新潟競馬の結果を記してみよう。

1R・1着**6位**→2着3位→3着4位
2R・1着1位→2着3位→3着4位
3R・1着2位→2着**6位**→3着1位
4R・1着1位→2着2位→3着13位
5R・1着1位→2着2位→3着8位
6R・1着5位→2着2位→3着**10位**
7R・1着**6位**→2着1位→3着2位
8R・1着1位→2着**10位**→3着**7位**
9R・1着**6位**→2着2位→3着1位

●2017年６月24日・阪神８Ｒ（３歳上500万下、ダ1800ｍ）

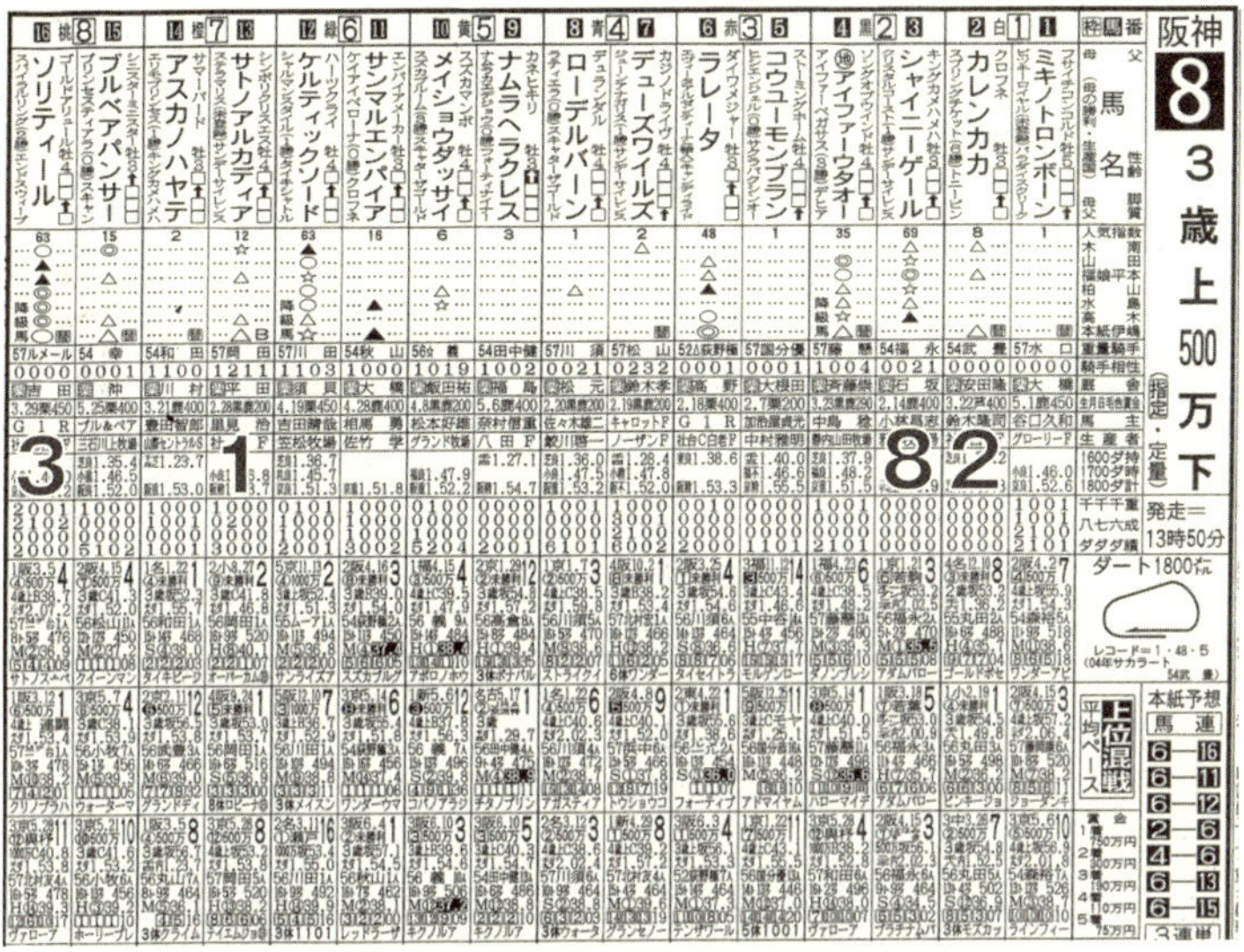

指　数	1	2	3	4	5	6	7	8	9	10	11	12	13	14	15	16
8　R	❸ 76	⑫ 69	⑯ 68	⑥ 61	④ 58	⑮ 53	⑬ 52	⑪ 51	② 50	⑩ 49	⑭ 48	⑦ 47	⑨ 46	⑧ 42	⑤ 41	① 40

１着⑬サトノアルカディア
（７位 52・７番人気）
２着②カレンカカ
（９位 50・８番人気）
３着⑯ソリティール
（３位 68・２番人気）

単⑬ 1920 円
複⑬ 390 円　② 780 円　⑯ 180 円
馬連②－⑬ 23010 円
馬単⑬→② 45020 円
３連複②⑬⑯ 25290 円
３連単⑬→②→⑯ 292820 円

10R・1着2位→2着5位→3着**7位**
11R・1着1位→2着8位→3着**10位**
12R・1着**7位**→2着**10位**→3着3位

ご覧の通り、6位が3勝・2着1回と活躍。7位も3回出現している。10位は勝てないものの6R以降で4回出現した。10位の複勝率は8・7%ということを考えると、通常であれば1日に一度馬券になるかどうかという確率。それが1日に4回出現したのだ。**低順位の馬が出現したら、その日1日は追いかけてみるといいかもしれない。**

ということで、この阪神8Rでは7位の⑬サトノアルカディアを軸に3連複を購入。2軸目に1位76（1番人気、3・2倍）の③シャイニーゲール、3位68（2番人気）の⑯ソリティールを指名しての3連複馬券だ。ヒモは指数46以上の馬を中心に手広く流した。

結果、1着に⑬サトノアルカディア、2着にヒモの9位50（8番人気）②カレンカカ、3着に2軸目にした⑯ソリティールが入り、3連複2万5290円となった。

基本的には1位指数を中心とした指数配列を検索し、過去の出現傾向を把握するのが一番だ。基本的な傾向を押さえつつ、当日の流れをつかめると、難なく高配当馬券も獲れることだろう。

本書で紹介したハイパーの法則は、ごくごく一部のもの。皆さんもオリジナルの法則を見つけて高配当馬券に向けてチャレンジしてみてほしい。

第4章

意外にオイシイ!
少頭数レース
のハイパー攻略

馬番能力順位	1	2	3	4	5	6	7	8	9	10	11	12	13	14	15	16	17	18
1 R	❼ 88	① 66	⑧ 63	⑤ 62	④ 53	⑥ 50	⑨ 49	③ 41	② 40									
2 R	⑮ 73	③ 71	⓫ 68	⑥ 59	⑬ 57	⑫ 56	⑤ 52	⑨ 51	④ 50	⑦ 48	① 47	⑩ 46	⑯ 43	⑭ 42	⑧ 41	② 40		
3 R	⑧ 75	❿ 74	⑯ 61	① 60	③ 57	⑤ 54	⑭ 52	⑦ 51	⑨ 50	⑮ 49	⑬ 48	⑪ 47	⑥ 46	② 42	④ 41	⑫ 40		
4 R	⓬ 83	③ 72	① 61	② 59	⑰ 55	⑯ 54	⑮ 53	⑨ 52	⑤ 51	⑪ 50	④ 49	⑧ 48	⑥ 47	⑩ 46	⑭ 43	⑱ 42	⑦ 41	⑬ 40
5 R	⓮ 80	⑤ 64	⑨ 62	② 59	③ 58	⑯ 57	⑩ 54	④ 53	⑥ 52	① 51	⑮ 50	⑫ 49	⑧ 48	⑪ 47	⑦ 46	⑬ 40		
6 R	❾ 88	⑪ 68	⑧ 64	② 58	⑭ 57	⑥ 56	⑯ 55	⑬ 54	④ 53	⑦ 52	⑮ 51	⑩ 50	① 49	⑫ 48	③ 47	⑤ 46		
7 R	③ 75	⓰ 72	⑨ 63	⑬ 62	⑧ 59	② 53	⑩ 52	① 51	⑤ 50	⑥ 49	⑦ 48	⑫ 46	⑪ 43	⑮ 42	④ 41	⑭ 40		
8 R	❸ 88	⑨ 66	⑥ 61	② 60	⑧ 58	① 51	⑦ 50	④ 49	⑤ 46									
9 R	⑩ 79	❽ 78	⑨ 59	⑫ 58	② 57	④ 56	⑦ 53	⑮ 51	⑭ 50	① 49	⑥ 48	③ 47	⑪ 46	⑯ 42	⑤ 41	⑬ 40		
10 R	❸ 82	⑩ 72	⑥ 62	② 57	⑧ 56	⑪ 55	⑤ 53	① 50	④ 48	⑨ 41	⑦ 40							
11 R	❹ 88	⑩ 73	⑭ 58	⑧ 57	⑪ 55	⑥ 54	① 53	⑨ 52	⑤ 51	⑬ 50	⑦ 49	③ 48	⑮ 47	⑫ 46	② 41	⑯ 40		
12 R	③ 77	⓫ 73	⑯ 68	① 57	⑫ 55	④ 54	⑦ 53	⑩ 52	⑤ 48	⑬ 47	⑨ 45	⑭ 44	⑥ 43	⑮ 42	⑧ 41	② 40		
函館11R	❽ 78	② 68	① 65	⑫ 56	⑥ 55	⑤ 54	④ 52	⑭ 51	⑪ 50	⑬ 49	⑨ 47	⑦ 42	⑩ 41	③ 40				
阪神11R	⑦ 79	❷ 75	③ 65	⑨ 57	⑥ 54	⑧ 53	⑤ 50	① 49	④ 40									
宝塚記念	❿ 88	⑤ 65	⑥ 60	② 59	⑪ 58	⑧ 57	① 56	⑦ 49	⑨ 42	③ 41	④ 40							

11頭立てでも3連単7万馬券になった宝塚記念

3連単、3連複、馬連&馬単……と、本書の核ともいうべき配当別のコンピ・パターンを見てきたが、ラストにスタッフが実践を繰り返すうえで見つけた副次的な馬券術を紹介しておこう。

故・飯田雅夫氏は根っからの穴党だった。そんな飯田氏からすると、最も手を出しにくかったのが、堅い配当というイメージがつきものの「少頭数のレース」だったろう。

一般的に少頭数レースは堅いと思い込みがちだが、本当にそうだろうか。

例えば、2017年6月25日に行なわれた宝塚記念(11頭立て)。1位88で1番人気(単勝1・4倍)に推されていたキタサンブラックが9着に敗れ、3連単が7万馬券となったのは記憶に新しい。このように、特に3連単なら、万馬券配当になることも珍しくないのだ。少頭数の定義は難しいものの、配当面を考えてここでは**8~13頭のレース**とする。まずは、その状況を把握することにしよう。

表1は8~13頭立てにおけるコンピ順位別の成績。表2は14頭立て以上における同様の成績だ(データは14年1月5日~17年6月25日)。

少頭数レースでは1位の複勝率が67・6%という具合で、確かに14頭立て以上の1位の

表１●【８～13頭立てレース】コンピ順位別成績

順位	着別度数	勝率	連対率	複勝率	単回値	複回値
１位	1099- 603- 460- 1038/ 3200	34.3%	53.2%	67.6%	81	85
２位	630- 646- 445- 1478/ 3199	19.7%	39.9%	53.8%	80	83
３位	403- 452- 485- 1858/ 3198	12.6%	26.7%	41.9%	74	79
４位	332- 428- 395- 2041/ 3196	10.4%	23.8%	36.1%	80	82
５位	241- 323- 365- 2266/ 3195	7.5%	17.7%	29.1%	81	80
６位	149- 212- 317- 2519/ 3197	4.7%	11.3%	21.2%	67	73
７位	127- 174- 245- 2641/ 3187	4.0%	9.4%	17.1%	77	70
８位	90- 147- 169- 2787/ 3193	2.8%	7.4%	12.7%	74	73
９位	63- 85- 134- 2758/ 3040	2.1%	4.9%	9.3%	72	67
10位	38- 58- 89- 2531/ 2716	1.4%	3.5%	6.8%	66	60
11位	20- 39- 56- 2154/ 2269	0.9%	2.6%	5.1%	57	61
12位	13- 24- 33- 1637/ 1707	0.8%	2.2%	4.1%	51	62
13位	6- 11- 14- 847/ 878	0.7%	1.9%	3.5%	70	63

※データはいずれも14年１月～17年６月

表２●【14頭立て以上レース】コンピ順位別成績

順位	着別度数	勝率	連対率	複勝率	単回値	複回値
１位	2443- 1531- 1037- 3298/ 8309	29.4%	47.8%	60.3%	77	83
２位	1398- 1387- 1089- 4429/ 8303	16.8%	33.5%	46.7%	78	81
３位	1006- 1078- 992- 5243/ 8319	12.1%	25.1%	37.0%	78	77
４位	830- 888- 903- 5693/ 8314	10.0%	20.7%	31.5%	86	81
５位	602- 700- 775- 6232/ 8309	7.2%	15.7%	25.0%	76	75
６位	497- 592- 669- 6557/ 8315	6.0%	13.1%	21.1%	79	75
７位	381- 462- 624- 6843/ 8310	4.6%	10.1%	17.7%	78	77
８位	291- 372- 522- 7128/ 8313	3.5%	8.0%	14.3%	77	78
９位	257- 361- 408- 7280/ 8306	3.1%	7.4%	12.4%	89	85
10位	171- 256- 349- 7526/ 8302	2.1%	5.1%	9.3%	80	78
11位	141- 206- 263- 7694/ 8304	1.7%	4.2%	7.3%	75	73
12位	99- 155- 210- 7848/ 8312	1.2%	3.1%	5.6%	61	64
13位	82- 112- 177- 7933/ 8304	1.0%	2.3%	4.5%	63	64
14位	62- 102- 127- 8014/ 8305	0.7%	2.0%	3.5%	64	60
15位	37- 74- 96- 7205/ 7412	0.5%	1.5%	2.8%	45	60
16位	27- 43- 64- 5895/ 6029	0.4%	1.2%	2.2%	54	48
17位	8- 12- 17- 1279/ 1316	0.6%	1.5%	2.8%	53	51
18位	6- 12- 15- 1069/ 1102	0.5%	1.6%	3.0%	68	84

表3●【8～13頭立てレース】1位指数別成績

指数	着別度数	勝率	連対率	複勝率	単回値	複回値
90	125- 42- 25- 39/231	54.1%	72.3%	83.1%	83	90
88	132- 46- 35- 61/274	48.2%	65.0%	77.7%	84	87
87	18- 14- 5- 8/ 45	40.0%	71.1%	82.2%	71	93
86	105- 51- 30- 51/237	44.3%	65.8%	78.5%	80	90
85	34- 20- 19- 26/ 99	34.3%	54.5%	73.7%	68	87
84	76- 48- 48- 77/249	30.5%	49.8%	69.1%	65	82
83	46- 27- 25- 53/151	30.5%	48.3%	64.9%	74	79
82	104- 56- 46- 71/277	37.5%	57.8%	74.4%	89	93
81	70- 42- 31- 59/202	34.7%	55.4%	70.8%	92	90
80	63- 39- 35- 68/205	30.7%	49.8%	66.8%	76	83
79	52- 22- 30- 73/177	29.4%	41.8%	58.8%	78	76
78	67- 40- 22- 79/208	32.2%	51.4%	62.0%	90	83
77	51- 28- 23- 66/168	30.4%	47.0%	60.7%	91	82
76	33- 24- 25- 60/142	23.2%	40.1%	57.7%	79	84
75	43- 33- 14- 42/132	32.6%	57.6%	68.2%	100	95
74	28- 23- 12- 51/114	24.6%	44.7%	55.3%	86	83
73	17- 15- 9- 49/ 90	18.9%	35.6%	45.6%	62	67
72	14- 10- 15- 36/ 75	18.7%	32.0%	52.0%	62	77
71	9- 9- 3- 31/ 52	17.3%	34.6%	40.4%	75	68
70	6- 5- 6- 15/ 32	18.8%	34.4%	53.1%	71	86
69	4- 6- 2- 12/ 24	16.7%	41.7%	50.0%	66	78
68	1- 1- 0- 5/ 7	14.3%	28.6%	28.6%	71	50
67	1- 2- 0- 3/ 6	16.7%	50.0%	50.0%	95	90
66	0- 0- 0- 2/ 2	0.0%	0.0%	0.0%	0	0
65	0- 0- 0- 1/ 1	0.0%	0.0%	0.0%	0	0

複勝率60・3％を7％以上も上回る数字となっている。統計上、7％という数字は大きい差ではあるのだが、逆に見ると8～13頭立てレースでも、1位は約3分の1の確率で馬券圏外に沈んでいるのだ。意外と荒れる（難しい）というのは、あながち間違いではないということがわかってもらえるだろう。

しかも、1位の指数によっては信頼度が低い場合も少なくない。表3は少頭数レースにおける1位の指数別成績だ。

表４●【14頭立て以上レース】１位指数別成績

指数	着別度数	勝率	連対率	複勝率	単回値	複回値
90	187- 70- 43- 65/365	51.2%	70.4%	82.2%	81	92
88	217-105- 47-126/495	43.8%	65.1%	74.5%	78	85
87	34- 18- 11- 22/ 85	40.0%	61.2%	74.1%	81	90
86	244-122- 74-178/618	39.5%	59.2%	71.2%	79	85
85	69- 44- 20- 68/201	34.3%	56.2%	66.2%	73	81
84	206-125- 84-200/615	33.5%	53.8%	67.5%	76	84
83	111- 52- 46-125/334	33.2%	48.8%	62.6%	81	82
82	215-125- 74-203/617	34.8%	55.1%	67.1%	87	87
81	135- 86- 50-167/438	30.8%	50.5%	61.9%	82	84
80	207- 96- 85-263/651	31.8%	46.5%	59.6%	89	83
79	121- 80- 62-194/457	26.5%	44.0%	57.5%	76	82
78	128-118- 80-256/582	22.0%	42.3%	56.0%	67	81
77	125- 77- 68-192/462	27.1%	43.7%	58.4%	86	86
76	93- 85- 70-222/470	19.8%	37.9%	52.8%	69	81
75	86- 67- 51-179/383	22.5%	39.9%	53.3%	73	82
74	67- 78- 37-199/381	17.6%	38.1%	47.8%	63	75
73	58- 49- 38-155/300	19.3%	35.7%	48.3%	77	82
72	58- 41- 23-149/271	21.4%	36.5%	45.0%	89	79
71	26- 28- 27-115/196	13.3%	27.6%	41.3%	57	73
70	25- 28- 20- 81/154	16.2%	34.4%	47.4%	72	84
69	20- 16- 12- 44/ 92	21.7%	39.1%	52.2%	89	96
68	6- 8- 7- 49/ 70	8.6%	20.0%	30.0%	42	58
67	2- 7- 1- 25/ 35	5.7%	25.7%	28.6%	22	50
66	3- 4- 3- 14/ 24	12.5%	29.2%	41.7%	67	84
65	0- 2- 2- 2/ 6	0.0%	33.3%	66.7%	0	141
64	0- 0- 1- 4/ 5	0.0%	0.0%	20.0%	0	34
63	0- 0- 0- 1/ 1	0.0%	0.0%	0.0%	0	0
62	0- 0- 1- 0/ 1	0.0%	0.0%	100.0%	0	200

１位90では複勝率83・１％と高い値を記録しているように思えるだろうが、実は14頭立て以上のレースでも１位90は複勝率82・２％という具合で、頭数による差はないといっていい。むしろ、14頭立て以上のレースで１位90は頭数を考えると健闘しているという値だろう。

14頭立て以上のレースでは１位88～86が複勝率70％台、85以下になると70％を割り、80以下では60％を切る値となっている。74以下では50％を切り、2回に1回以上馬券圏外となっている。

少頭数レースでは、1位80以上となるレースでは84、83を除き、複勝率もおおむね70％以上という状況だ。逆にいうと、**少頭数レースでは1位84、83、79以下となるレースで1位を軸にせずに馬券を買うと万馬券、ときには超万馬券も的中する確率がアップする**ということでもある。

いくつか的中例を挙げていこう。まずは、17年5月20日東京9Rカーネーション C（3歳牝馬500万下、芝1800m）。13頭立てのレースで、今回のカテゴリー上は少頭数レースに該当する。

1位は74で⑧ムーンザムーンという状況。表3によれば、複勝率は55・3％というように高くない値だ。しかも、ムーンザムーンは1番

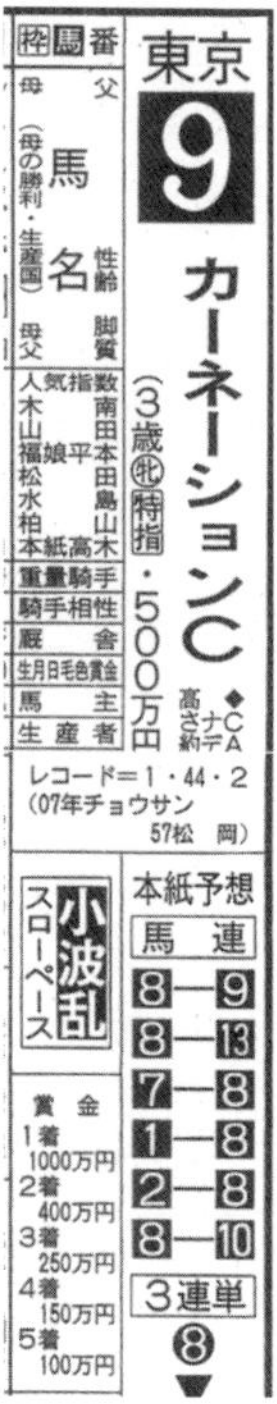

●2017年５月20日・東京９Ｒカーネーションⅽ
（３歳牝馬500万下、芝1800ｍ）

枠	馬番	馬名	父・性齢	母（母父）	数値	印	斤量・騎手	成績	厩舎	生年月日・毛色・賞金	馬主	生産者	3走前	2走前	前走
白1	1	ブルークランズ	ルーラーシップ 牝3	ランズエッジ(0勝) ダンスインザダーク	14	○△△△◎◎△	54戸崎	0000	栗今野	1…0	吉田…己	ノ…F	1京1.22 2着 ⑦新馬 3歳坂52.5 天外1.51.5 54Mデムーロ2人 15ト3タ 486 S①34.9 ⑥⑥15 ファンディー	1阪2.25 4着 ①牝未勝 3歳坂55.2 天外1.48.8 54Mデムーロ2人 16ト5タ 480 S③34.7 ⑧⑩03 チャレアーダ	2名3.25 1着 ⑤牝未勝 3歳坂58.6 三2.03.3 54和田1人 18ト9タ 484 S⑥34.2 ⑦⑦⑥02 ジュンテオド
黒2	2	ヒストリア	ハーツクライ 牝3	アルヴィス(3勝) ミスターグリーリー	44	◎…▲△△△△	54北村宏	0000	美栗田徹	2.6鹿400	山口功一郎	ノーザンF	1中1.8 6着 ③フェアリー GⅢB39.8 天外1.35.1 54蛯名4人 16ト6タ 442 H⑭36.2 ⑥⑤③04 ライジングリ	1東2.5 2着 ④春菜 牝500坂53.5 二1.22.3 54武豊3人 16ト15タ 440 S⑦33.6 ⑪⑪02 3休ライズス	2東4.30 6着 ④スイートピー 牝オープン坂53.9 天1.47.5 54大野8人 18ト10タ 440 S⑮33.8 ④④④01 ブラックスピ
赤3	3	アンネリース	ヴィクトワールピサ 牝3	マンバラ(輸入) リナミックス	5	……△▲…	54柴田大	0312	美尾関	5…00	ラフ…ン	ビ…ド	5東11.20 2着 ⑥未勝利 2歳B40.0 三2.02.9 54柴田大1人 16ト4タ 462 S⑪34.7 ⑪⑪⑪02 アグニシャイ	5中12.18 1着 ⑥未勝利 2歳C40.4 三内2.01.9 54大野1人 18ト5タ 468 S⑥35.6 ⑨⑧⑧02 4休コンボル	2東4.30 12着 ④スイートピー 牝オープンB38.2 天1.48.2 54柴田大6人 18ト4タ 474 S⑮33.7 ⑭⑮⑮08 ブラックスピ
青4	4	ニシノストーリー	ディープインパクト 牝3	ニシノナースコール(3勝) ブライアンズタイム	6	…△…	54松岡	0003	美尾形充	2.20黒鹿400	西山茂行	村上欽哉	1東2.11 6着 ⑤500万 3歳坂54.4 二1.22.7 54松岡8人 16ト6タ 402 M⑪34.6 ⑩⑨04 ファンタジス	2中2.25 6着 ①牝500 3歳坂54.5 天内1.50.1 54松岡6人 12ト4タ 402 S②34.9 ③⑤④03 デアレガーロ	2東4.30 7着 ④スイートピー 牝オープン坂53.7 天1.47.8 54松岡15人 18ト12タ 404 S⑮33.5 ⑪⑩⑩04 ブラックスピ
青4	5	プリンセスルーラー	ルーラーシップ 牝3	アランフェスロマン(未登録) イーグルカフェ	12		54丸山	0000	栗高橋康	3.…鹿400	大…次	鮫川…一	5阪12.11 1着 ④牝未勝 2歳B40.2 天外1.49.0 54バルザローナ6人 12ト1タ 482 S⑪35.1 ②②05 ブラックスピ	1京1.7 7着 ②福寿草 500万C37.9 三内2.01.7 54福永6人 9ト7タ 484 M⑧36.0 ④⑤⑥14 サトノリュウ	2阪3.25 7着 ①君子蘭 牝500C41.2 天外1.49.6 54小牧9人 11ト5タ 476 S①33.9 ⑩⑩07 カワキタエン
黄5	6	サッチン	エンパイアメーカー 牝3	ベラルーナ(0勝) ディープインパクト	1		54大野	1000	美古賀慎	3.7鹿400	由井健太郎	上村清志	1東2.18 7着 ⑦未勝利 3歳C39.0 天1.50.1 54内田10人 16ト8タ 444 S⑧34.5 ⑭⑩⑩08 ドリームマジ	2名3.25 4着 ⑤牝未勝 3歳C40.6 三2.03.8 53加藤10人 18ト2タ 434 S⑥34.4 ⑨⑩⑨05 ブルークラン	2東4.22 1着 ①牝未勝 3歳B39.7 天1.48.1 54大野7人 17ト2タ 432 M⑨34.4 ⑩⑩⑩01 ディスパーシ
黄5	7	アドマイヤローザ	ハービンジャー 牝3	アドマイヤテンバ(4勝) クロフネ	64	△○◎☆▲☆☆	54Mデムーロ	0000	栗梅田	2.21芦400	近藤利一	ノーザンF	5京11.20 1着 ⑥未勝利 2歳坂53.1 三内2.02.6 54岩田2人 13ト9タ 464 M①34.7 ⑨⑧⑨03 ユイフィーユ	2京2.4 2着 ③エルフィン 牝オープン坂56.5 天外1.36.9 54岩田2人 10ト10タ 460 S①34.8 ②②02 サロニカ	2東4.23 7着 ②フローラ GⅡ坂55.0 三2.01.9 54岩田4人 18ト9タ 458 S④34.0 ⑭⑭⑮06 モズカッチャ
緑6	8	ムーンザムーン	ローエングリン 牝3	アズサユミ(1勝) サンデーサイレンス	74	△☆○▲○○◎	54田辺	0000	美上原	2.1鹿400	林正道	ノーザンF	1東2.4 4着 ③ゆりかもめ 500万C39.8 二2.26.4 54大野5人 8ト2タ 458 S①34.4 ⑧⑧⑧03 ダノンキング	2中2.25 4着 ①水仙 500万B39.4 三外2.17.6 54戸崎2人 10ト6タ 456 S①34.2 ⑥⑤⑤04 イブキ	2東4.30 3着 ④スイートピー 牝オープンB39.4 天1.47.5 54藤岡佑5人 18ト11タ 454 S⑮33.3 ⑰⑫⑩01 ブラックスピ
緑6	9	シンボリバーグ	ダイワメジャー 牝3	スポークンファー(輸入) ノートブック	35	▲▲△○△△○	54蛯名	0101	美藤沢和	5.2芦400	シンボリ牧場	シンボリ牧場	5東11.20 2着 ⑥赤松 牝500坂58.5 天1.35.7 54蛯名2人 14ト10タ 506 M③34.0 ⑫⑪00 コーラルプリ	1中1.14 2着 ④菜の花 牝500B39.5 天外1.36.2 54戸崎1人 12ト3タ 502 M③35.5 ⑦⑤⑤01 スズカゼ	2中2.25 4着 ①牝500 3歳C40.9 天内1.50.1 54蛯名2人 12ト6タ 498 S②35.0 ③③④03 3休デアレガ
橙7	10	ダノンディーヴァ	ディープインパクト 牝3	ダンデリマドンナ(3勝) シンボリクリスエス	22	△…☆…△…△	54田中勝	0000	栗大久保	5.15黒鹿400	ダノックス	下河辺牧場	1中1.14 8着 ④菜の花 牝500坂52.1 天外1.36.4 54北村宏4人 12ト4タ 460 M③35.5 ⑦⑦⑦03 スズカゼ	1東2.5 3着 ④春菜 牝500坂51.4 二1.22.3 54北村宏2人 16ト14タ 456 S⑦33.2 ⑭⑭02 ライズスクリ	1阪3.4 6着 ③チューリップ GⅢ坂53.7 天外1.33.9 54Mデムーロ4人 12ト6タ 454 M⑪33.9 ⑫⑫07 ソウルスター
橙7	11	クイントゥープル	アイルハヴアナザー 牝3	マイネクイーン(2勝) アグネスタキオン	1		54柴山	0000	美中野	4.24栗400	ビッグレッド	ビッグレッド	2中3.19 8着 ⑦500万 3歳坂56.5 天外1.36.8 54柴田大9人 13ト13タ 432 M⑩36.7 ②②②07 ポールヴァン	3中4.9 2着 ⑥デイジー 牝500坂53.9 天内1.53.6 54石橋11人 11ト7タ 428 S④37.1 ①①①00 マナローラ	2東4.30 7着 ④500万 3歳坂54.3 天1.34.9 54柴田大9人 12ト5タ 428 M⑫35.3 ②②08 エメラルスタ
桃8	12	コロリズム	ブラックタイド 牝3	ジョリーン(0勝) トワイニング	1		54岩部	0004	美萱野	4.5鹿0	田頭勇貴	シンユウF	3中4.16 7着 ⑧牝未勝 3歳坂56.7 ダ1.14.4 54岩部16人 16ト9タ 444 M③38.3 ⑦⑦10 カンパンムス	2東4.30 9着 ④未勝利 3歳坂55.9 ダ1.42.0 51木幡育9人 15ト12タ 448 M①39.5 ⑥⑥23 ストロボスコ	2東5.14 14着 ⑧500万 3歳坂56.1 二1.25.4 51野中13人 14ト2タ 448 M⑤37.5 ⑪⑩32 アルミレーナ
桃8	13	イストワールファム	ローエングリン 牝3	ヒストリックレディ(未登録) ネオユニヴァース	63	☆◎△◎☆△▲	54内田	0000	美古賀慎	1.28栗400	シルクR	ノーザンF	4東10.10 3着 ③新馬 2歳B39.0 天1.39.2 54北村宏2人 18ト18タ 448 S②33.1 ⑭⑭05 3休イノバテ	1東1.28 1着 ①牝未勝 3歳C41.1 天1.47.2 54ルメール1人 16ト8タ 446 M⑯34.4 ⑫⑫⑫04 デコラス	2阪4.9 4着 ⑥忘れな草 牝オープンC37.9 三内2.04.7 54ルメール1人 10ト10タ 444 S③36.6 ⑥⑥④04 ハローユニコ

（馬柱上の大きな数字：プリンセスルーラー 1、ブルークランズ 2、アンネリース 3）

馬番能力順位	1	2	3	4	5	6	7	8	9	10	11	12	13
9 R	⑧74	⑦71	⑬69	②62	⑨56	⑩53	①51	⑤50	④48	③47	⑥42	⑪41	⑫40

１着⑤プリンセスルーラー　（８位 50・10 番人気）
２着①ブルークランズ　（７位 51・４番人気）
３着③アンネリース　（10 位 47・８番人気）
単⑤ 7580 円　複⑤ 1420 円　① 310 円　③ 790 円
馬連①ー⑤ 22480 円　馬単⑤→① 59420 円
３連複①③⑤ 89020 円
３連単⑤→①→③ 826410 円

人気ではなく3番人気（4・6倍）だった。1番人気になったのは2位71⑦アドマイヤローザ（3・6倍）。

最終オッズを見ればわかるように、そう大きな差があったわけではないが、オッズやコンピ指数を見ても大混戦レースだったのは間違いないだろう。

軸馬の1頭は①ブルークランズ。7位51ながら4番人気（7・6倍）という状況で、いわゆるポジションギャップ、PG馬だ。となると相手は……少頭数コンピの場合、穴馬券を演出するカギとなるのは、6～8位の馬であることが少なくない。

飯田ハイパーに則って**「1位74、2位71、13頭立て」**で検索すると、10年以降このレースの前までで10レースが該当する。9位以下は馬券圏内がない状況なので、あっても押さえまでということがわかった。

カーネーションCで6位53だったのが⑩ダノンディーヴァで7番人気（11・5倍）、7位51が①ブルークランズで先述したように4番人気、8位50が⑤プリンセスルーラーで10番人気（75・8倍）というもの。

ここで注目は、7位ブルークランズと8位プリンセスルーラーの指数差がたった1なのに、リアルオッズでは70倍近い差があるということ。コンピ・ファンからすれば、プリンセスルーラーが不当に人気を落としている分、妙味ありと判断したいところだ。

基本的には3連複で、ブルーとプリンセスの2頭軸の流し馬券を購入した。13頭立ての場合、3連複2頭軸総流しでも11点で済むため、点数がそれほどかさばらないのもメリットのひとつである。

さらに⑤プリンセスルーラーからの3連複フォーメーション馬券を購入。相手には来ない可能性もあるということは承知しつつも、念のため1位⑧ムーンザムーン、2位⑦アドマイヤローザ、7位①ブルークランズを2軸目に置いての馬券。これはさすがに11位以下はカットして点数を絞った（3頭を付け加えたところで30点だが、10位が47の値に対し、11位が42ということで断層があると判断した）。

2軸目に1、2位を入れたのは、飛ぶ可能性はあるものの、少頭数レースでは1、2位のどちらか1頭が3着になることも少なくないからだ。

3連複以外は、PG馬ブルークランズを1着、プリンセスルーラー2着固定とした3連単馬券を購入。結果は、ブルークランズが逃げた10位47③アンネリースを捕まえ

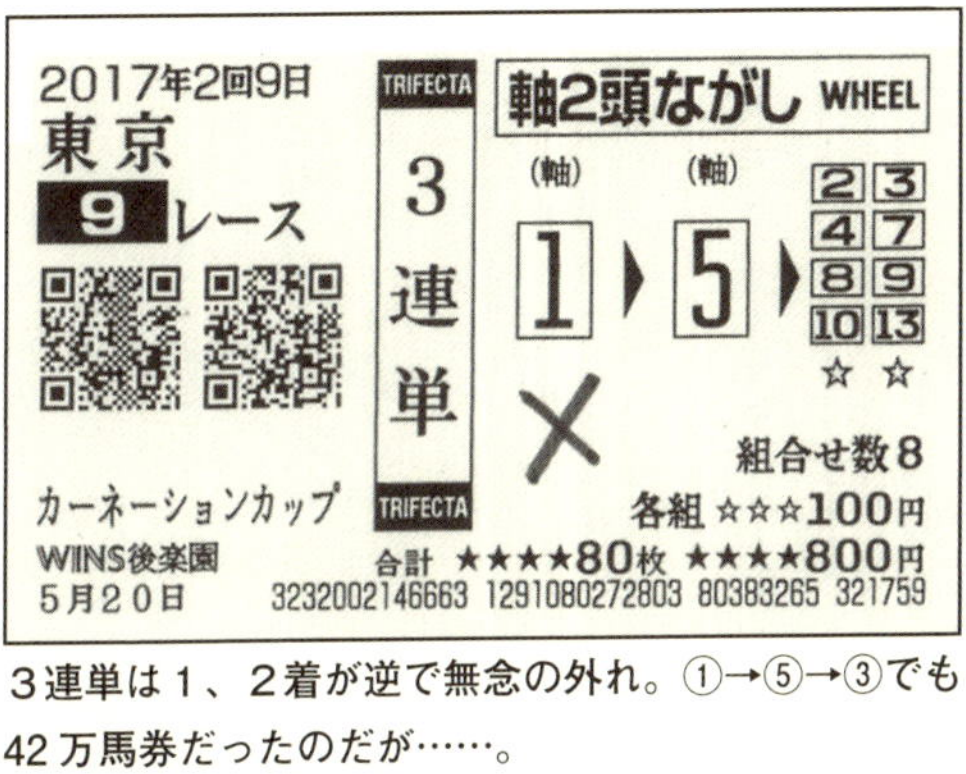

3連単は1、2着が逆で無念の外れ。①→⑤→③でも42万馬券だったのだが……。

て勝利したかと思ったところに、プリンセスルーラーが差し込み1着。⑤プリンセス→①ブルー→③アンネリースという入線だった。

プリンセスは紹介したように単勝75・8倍の超大穴馬。アンネリースも8番人気（35・5倍）というように人気薄。3連単は82万6410円という超高配当馬券になってしまった（涙）。今となっては1、2着をなぜ折り返さなかったのかという悔いは残るが、3連複8万9020円が300円分的中、約27万円を獲得することができた。

3連単は残念な結果だったが、3連複で300円重ね買いできたのは、少頭数ゆえ点数が絞れたからだ。

このように、少頭数レースでも穴馬券は珍しくない。まずは大的中例を紹介したが、少頭数レースでは、コンピもといハイパー馬券術と相性がいいのは間違いのない事実である。

1位がアタマでも12万馬券！のお宝パターン

少頭数レースでは、1位（1番人気）が過剰人気となるケースが多い。人気を集めた馬が圏外に飛べば高配当が期待できるのは確かだが、本章では1位をむやみやたらに蹴飛ばすことを推奨しているわけではない。

1位が絡むかどうかは別にして、**6〜8位が馬券になったパターンにお宝がある**と覚えておいてほしい。

そこで、1位と同時に6～8位の1頭が馬券になってしとめたレースも紹介することにしよう。17年4月1日中山9R山吹賞（3歳500万下、芝2200m）、13頭立てで1位81というレースだ。

1位81の複勝率は70・8％とまずまず高い値を示している。勝率も30％を超えていることを考えると、1位を無視するのは危険なところもある。山吹賞で1位81だったのが、⑧チャロネグロで3番人気（単勝5・5倍）だった。2位71が2番人気（3・6倍）⑫ウインイクシード、3位69が1番人気（3・2倍）④グローブシアター。

1位チャロネグロがリアルオッズでは3番人気という具合で、危険な1位馬の可能性もあったが、とりあえずは相手候補の1頭に入れた。2位71の⑫ウインイクシードも同様である。少頭数レースで穴馬券のカギを握る6～8位は次の3頭だ。
・6位54①アサギリジョー　（6番人気、11・8倍）
・7位53⑨サーレンブラント（7番人気、18・6倍）
・8位49②フラワープレミア（11番人気、100・1倍）
まったく人気のないのが8位フラワープレミアだが、最終オッズで単勝万馬券を示していること、7位指数53に対して8位指数49という、中盤以降の順位の馬にしては断層となっていることを考慮して、ヒモにとどめた。

6位と7位をどちらかにするのかは悩ましいところだが、ここでも飯田ハイパーに則って「1位81、13頭立て」と単純に検索。すると、6位と7位にはご覧のように大きな差があったのだ。

●1位81、13頭立て（08年1月～14年6月、163レース対象）

・6位【11―15―15―121】勝率6・8%　連対率16・0%

複勝率25・3%

・7位【3―7―11―138】勝率1・9%、連対率6・3%、

複勝率13・2%

ただ、ここまで出現数に大きな違いがある場合、大数の法則に基づけば反動による出現を期待することもできる。

ということで軸は6位①アサギリジョーを取り上げたもの

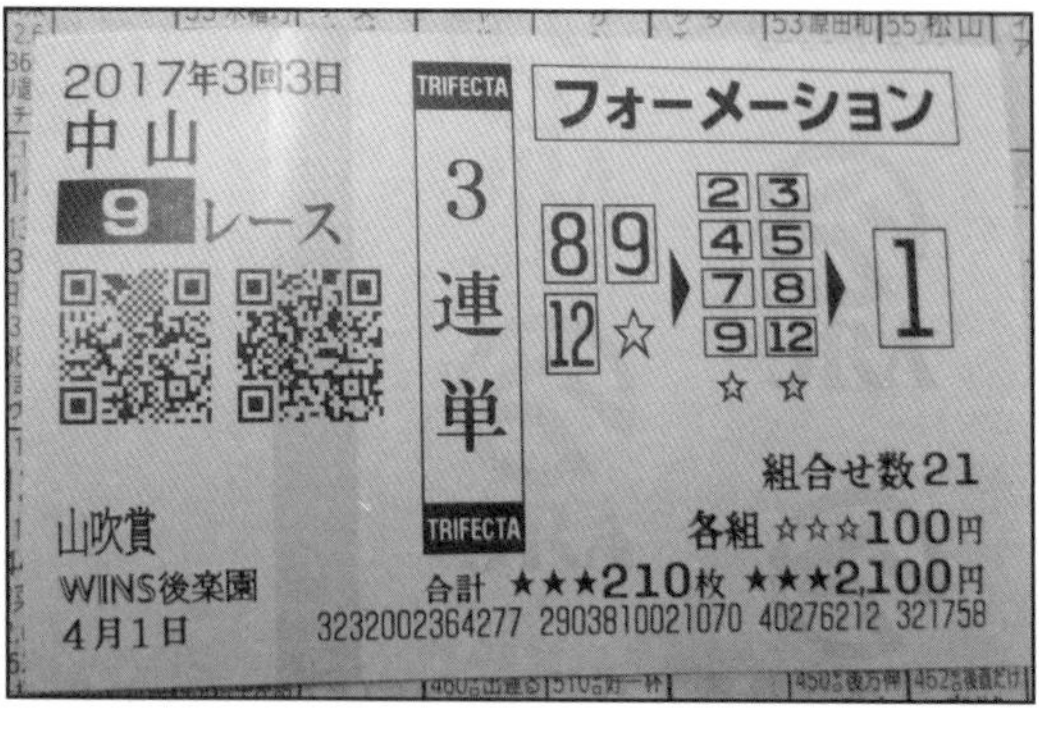

●2017年4月1日・中山9R山吹賞
(3歳500万下、芝2200m)

馬番	13	12	11	10	9	8	7	6	5	4	3	2
枠	桃8	桃8	橙7	橙7	緑6	緑6	黄5	黄5	青4	青4	赤3	黒2
父	ハイアーゲーム	マンハッタンカフェ	ハービンジャー	キングズベスト	ディープインパクト	ハーツクライ	ルーラーシップ	コンデュイット	ルーラーシップ	キングカメハメハ	ハービンジャー	アンライバルド
馬名	ラブパッション	ウインイクシード	ローリングタワー	ミヤビベスト	サーレンブラント	チャロネグロ	ビートマッチ	ニシノオラクル	マイブルーヘブン	グローブシアター	アダマンティン	フラワープレミア
性齢	牝3	牡3	牡3	牡3	牡3	牡3	牝3	牡3	牡3	牡3	牡3	牡3
母(勝)母父	インシステント(輸入)ダイイシス	イクスキューズ(3勝)ボストンハーバー	メイユーブルーム(未出走)ダンスインザダーク	ミヤビキララ(3勝)スペシャルウィーク	ブライトバンダンス(輸入)クワイエットアメリカン	ルミネンス(4勝)ジェイドロバリー	パーフェクトマッチ(2勝)サンデーサイレンス	ニシノミラクル(0勝)スペシャルウィーク	ウルトラペガサス(0勝)フサイチペガサス	シーザリオ(4勝)スペシャルウィーク	キラリダイヤモンド(3勝)フジキセキ	トミケンソリッド(0勝)コマンダーインチーフ
	1	72	5	1	18	83	28	2	4	71	26	4
印		☆☆○▲△△○	△△	△ 調	△☆▲▲	△▲▲○○▲ 調	△○△△△ 調		調	▲◎◎◎◎☆◎ 調	○△☆○△△☆	△ 調
斤量騎手	54藤田	56松岡	56柴田善	56池添	56岩田	56田辺	54戸崎	56菊沢	56津村	56内田	56北村宏	56大野
成績	0007	1101	1014	1000	1001	1001	0000	1000	0000	0000	1020	0001
厩舎	美谷原	美鈴木伸	美伊藤伸	栗笹田	美戸田	美大和田	美萩原	美小桧山	栗高橋忠	栗角居	美大竹	美池上弘
	4.13鹿0	4.17黒鹿400	3.11黒鹿400	3.23鹿400	3.7鹿400	2.[illegible]400	2.6鹿400	5.4栗400	4[illegible]00	2.14黒鹿400	3.4鹿400	4.16鹿400
馬主	田頭勇貴	ウイン	本間茂	村上義勝	窪田芳郎	金子[illegible]HD	シルクR	西山茂行	三田[illegible]宏	キャロットF	G1R	花村誠
生産者	原田久司	コスモヴュー	大道牧場	高橋修	オリオンF	社台[illegible]老F	ノーザンF	ガーベラPS	坂[illegible]場	ノーザンF	社台F	船越伸也
3走前	1東2.18 ⑦フリージア 13 500万 連闘 芝2.04.4 54藤田11人 13ト4ゔ 372 S⑦36.2 ⑥⑦⑧26 トリコロール	5中12.18 ⑥未勝利 3 2歳C38.8 芝内2.02.5 55津村9人 18ト13ゔ 486 S⑥36.6 ③③②06 アンネリース	1中1.22 ⑦未勝利 4 3歳C40.7 芝内2.02.5 56柴田善6人 16ト16ゔ 438 S⑫35.6 ⑧⑤③05 チャロネグロ		5中12.17 ⑤新馬 14 2歳C38.2 芝内1.53.4 55戸崎2人 15ト6ゔ 460 S⑮34.9 ⑮⑭⑮09 カリンバ	5中12.17 ⑤新馬 9 2歳坂53.5 芝内1.53.2 55田辺3人 15ト5ゔ 510 S⑮35.1 ⑦⑨⑨07 カリンバ		1名1.22 ④未勝利 4 3歳C40.2 芝2.15.0 55中井8人 18ト9ゔ 450 M⑥35.7 ⑫⑫⑫04 ロードアルバ	1京1.17 ⑤500万 8 3歳B39.8 ダ1.54.6 56幸5人 11ト2ゔ 462 S①36.5 ⑦⑧⑧13 ノーブルサタ	5京11.13 ④新馬 1 2歳B38.6 芝外1.48.8 55福永1人 17ト7ゔ 438 M⑤34.4 ⑦⑥02 トルネードア	5中12.24 ⑧未勝利 1 2歳C38.6 芝内2.04.4 55北村宏7人 17ト8ゔ 538 S②36.7 ⑤⑧⑦00 エスティーム	3福11.6 ②きんもくせい 4 500万C40.6 芝1.50.6 55勝浦5人 10ト4ゔ 456 S②35.6 ④④③04 ロードリベラ
2走前	2中2.25 ①水仙 10 500万 連闘 芝外2.20.4 54江田勇10人 10ト1ゔ 372 S①36.3 ⑩⑩⑩32 イブキ	1中1.8 ③未勝利 1 3歳C39.0 芝外2.15.0 56松岡3人 16ト15ゔ 484 M⑦35.9 ⑨⑥⑤01 スターライト	1東2.18 ⑦未勝利 3 3歳C39.1 芝1.49.5 56柴田善5人 16ト14ゔ 442 S⑧33.7 ⑩⑯⑭02 ドリームマジ	4中9.11 ②新馬 1 2歳坂52.1 芝内2.09.1 54池添4人 8ト6ゔ 482 S②34.8 ①①①02 5休サイレン	1東2.11 ⑤未勝利 1 3歳C39.9 芝2.27.6 56岩田9人 16ト7ゔ 458 M⑧35.1 ⑫⑭⑬04 トータルソッ	1中1.22 ⑦未勝利 1 3歳C41.6 芝内2.02.0 56田辺3人 16ト9ゔ 502 S⑫34.7 ⑪⑩⑦01 バルフェクォ		1東2.11 ⑤未勝利 6 3歳C41.2 芝2.28.3 56吉田豊10人 16ト15ゔ 450 M⑧36.5 ⑤⑦⑦07 サーレンブラ	2京1.28 ①500万 8 3歳坂54.2 ダ1.54.2 56[illegible]7人 10ト1ゔ 458 H②39.1 ⑥⑥⑦18 エルデュクラ	5中12.25 ⑨ホープフル 3 GⅡ モヤ 芝内2.01.7 55福永2人 14ト6ゔ 432 M⑬36.2 ⑨⑨⑧04 レイデオロ	1中1.15 ⑤京成 9 GⅢA37.4 芝内2.03.1 56横山典13人 15ト9ゔ 538 M⑬36.4 ⑥⑦⑦06 コマノインパ	1中1.7 ②寒竹 5 500万C40.2 芝内2.02.1 56大野8人 9ト2ゔ 468 S③35.4 ⑥⑤⑤06 ホウオウパフ
前走	2名3.25 ⑤牝未勝 15 3歳C39.5 芝2.05.3 51藤田15人 18ト14ゔ 358 S⑥35.4 ⑬⑮⑭20 ブルークラン	1東2.4 ③ゆりかもめ 2 500万C39.9 芝2.26.1 56松岡6人 8ト8ゔ 480 S①34.5 ⑥⑦⑥00 ダノンキング	2中3.11 ⑥未勝利 1 3歳B38.1 芝内1.50.5 56柴田善3人 16ト9ゔ 438 M③35.5 ⑩⑨⑥02 ヒドゥンパラ	1小2.13 ①[illegible] 11 500万坂53.4 芝2.03.9 56丸山9人 12ト12ゔ 492 M⑫39.6 ③⑤⑨39 モーヴサファ	2中3.12 ⑥500万 7 3歳C39.5 芝内2.02.4 56岩田7人 12ト1ゔ 454 S②35.4 ⑩⑪⑩04 リカビトス	1東2.12 ⑥共同杯 8 GⅢC39.3 芝1.48.4 56内田5人 11ト9ゔ 498 S⑤35.0 ⑩⑧⑥09 スワーヴリチ	5中12.4 ②新馬 1 2歳坂54.6 芝内2.05.9 54[illegible]2人 8ト5ゔ 536 S⑤34.5 ①①①07 4休コスモノ	2中3.4 ③未勝利 1 3歳C41.1 芝内2.03.3 53菊沢5人 16ト15ゔ 446 H⑦34.8 ③③③02 メイプルスト	1阪3.11 ⑤[illegible] 5 500万B38.4 芝外2.29.0 56幸7人 8ト7ゔ 460 S②34.3 ⑧⑦⑦06 ポポカテペト	2中3.5 ④弥生 8 GⅡB39.0 芝内2.03.6 56川田4人 12ト3ゔ 428 S②35.0 ⑥⑦⑤04 カデナ	2中2.25 ①水仙 3 500万C38.8 芝外2.17.4 56北村宏6人 10ト4ゔ 536 S①34.3 ②③③02 イブキ	2中2.25 ①水仙 7 500万C40.1 芝外2.18.2 56内田7人 10ト9ゔ 464 S①35.3 ②②②10 イブキ

馬番能力順位	1	2	3	4	5	6	7	8	9	10	11	12	13
9R	⑧ 81	⑫ 71	④ 69	⑦ 56	③ 55	① 54	⑨ 53	② 49	⑤ 48	⑪ 47	⑥ 46	⑩ 41	⑬ 40

1着⑧チャロネグロ　（1位81・3番人気）
2着⑤マイブルーヘブン　（9位49・9番人気）
3着①アサギリジョー　（7位51・6番人気）
単⑧550円　複⑧210円　⑤650円　①280円
馬連⑤−⑧9360円　馬単⑧→⑤12320円
3連複①⑤⑧21590円
3連単⑧→⑤→①123020円

の、7位⑨サーレンブラントも相手の一角に入れることにした。

また、1位81（13頭立て）における6位は2、3着が目立つこともあり、基本的には2、3着付けの3連単フォーメーションを購入することにした。余裕があれば1着付けの3連単を購入してもいいと思うが、このあたりは持ち金によるだろう。実際には2、3着付けの3連単と1着付けの馬単を購入していた（馬券は的中のみ掲載）。

資金を絞るためなら3連複という手もある。ただ、少頭数レースこそ3連単的中の醍醐味を得やすいので他の券種とうまく併用したい。3連単は必ず買っておくことをオススメする。

結果は1着に1位チャロネグロ、2着9位48で9番人気（37・1倍）⑤マイブルーヘブン、3着に軸馬にした6位アサギリジョーが入った。1、2番人気が消え、2着馬が人気薄だったため、3連複でも2万1590円の配当。3連単は大台の12万3020円を記録した。

他の馬券と合わせて約5000円の購入となったが、12万馬券が的中すれば何も文句はないはずだ。また、先述したように少頭数の場合はそれほどの点数にはならないので、なるべくヒモは広げておきたい。9位マイブルーヘブンを拾えたのも、その効用といえる。

このように少頭数レースといえども、穴馬券が獲れることは珍しくない。ハイパーをうまく活用すれば傾向が見極めやすいのだ。もちろん、毎回毎回少頭数レースで6～8位馬が馬券に絡んで高配当というケースばかりではない。1位指数や他馬の順位・指数によっても大きく影響を受けるからだ。

次からは1位が消えて、コンピ上位馬同士で決着し3連単万馬券となった少頭数レースを紹介することにしよう。頭数が少ないといっても、1位が飛べば意外と万馬券決着になることは珍しくないのだ。

1位が消える少頭数レースの狙い方

少頭数レース（13頭以下）で、1位が馬券圏内に入らなかったレースは約3分の1あった。レース数に直すと14年1月〜17年6月では1042レースが対象となっている。そこで1位が4着以下になった際のコンピ順位別成績を表5にまとめてみた。

すると、7位と10位を除いては単複回収率が100%を超えている。つまり、1位が飛ぶことさえわか

表5●【少頭数&1位着外のレース】のコンピ順位別成績

順位	着別度数	勝率	連対率	複勝率	単回値	複回値
2位	310- 205- 156- 370/ 1041	29.8%	49.5%	64.5%	122	117
3位	176- 176- 178- 511/ 1041	16.9%	33.8%	50.9%	102	116
4位	175- 158- 154- 553/ 1040	16.8%	32.0%	46.8%	128	124
5位	119- 143- 126- 651/ 1039	11.5%	25.2%	37.3%	120	123
6位	83- 99- 130- 728/ 1040	8.0%	17.5%	30.0%	111	121
7位	49- 78- 109- 801/ 1037	4.7%	12.2%	22.8%	78	102
8位	51- 83- 56- 848/ 1038	4.9%	12.9%	18.3%	130	121
9位	33- 35- 50- 887/ 1005	3.3%	6.8%	11.7%	122	102
10位	21- 19- 40- 848/ 928	2.3%	4.3%	8.6%	93	84
11位	13- 26- 26- 730/ 795	1.6%	4.9%	8.2%	109	111
12位	9- 14- 15- 574/ 612	1.5%	3.8%	6.2%	108	109
13位	4- 7- 5- 307/ 323	1.2%	3.4%	5.0%	125	104

れば、大体どの順位を軸にしていても儲かるのが少頭数レースの鉄則だ。

中でも2位が活躍しているのがわかるだろう。1位が飛んだレースの約半分のレースで連対を果たしているし、複勝率も64・5%とまずまず高いのだ。1位が危険だとジャッジしたら、まず2位を軸にすることで馬券を組み立てたい。

3位と4位は若干、4位の複勝率は低くなるものの、勝利数ベースではほぼ変わらない値を示しているし、単複回収率ベースでは最も安定して高い数字を残している。

1位が飛ぶような少頭数レースでは2〜4位を軸にするか、先述したように6〜8位から穴馬を選び出し上位馬にぶつけるかの二本立てが有効的な作戦となるのだ。

17年5月14日京都9R白川特別（10頭立て、1000万下芝2400m）は、その典型的なレースだった。1位馬は指数73で①ニホンピロカーン。ところが同馬は、リアルオッズでは2番人気（単勝4・8倍）。無理に馬券圏内から切る必要はない

指数	1	2	3	4	5	6	7	8	9	10
9R	① 73	⑧ 70	⑨ 64	② 61	③ 60	⑤ 54	⑥ 52	⑦ 49	⑩ 48	④ 47

●2017年５月14日・京都９Ｒ白川特別
（４歳上1000万下、芝2400ｍ）

京都 9 白川特別（4歳上(混)・1000万円下・定量）

◆しらかわ 京都市左京区を流れ、紙園付近で鴨川に合流する川

馬番	1	2	3	4	5	6	7	8	9	10
枠	白1	黒2	赤3	青4	黄5	緑6	橙7	橙7	桃8	桃8
父	リンカーン	キングカメハメハ	ステイゴールド	スパイキュール	ハーツクライ	ステイゴールド	ダイワメジャー	ハーツクライ	マーベラスサンデー	ストーミングホーム
馬名 性齢	ニホンピロカーン 牡4	ロゼリーナ 牝4	スティキングダム 牡4	(地)セルリアンラビット 牡8	ハイプレッシャー 牡6	スティザコース 騸7	(地)スリーヴェローチェ 牡8	ロングスピーク 牡5	ケンホファヴァルト 牡4	(地)レイトライザー 牡7
母（母の勝利・生産国）母父	ニホンピロヴィータ(0勝)スニッツェル	ローズバド(3勝)サンデーサイレンス	ルヴァーガール(輸入)アルザオ	ダンツサクラ(1勝)ラムタラ	クイーンリザーブ(1勝)ミスワキ	スターバイオレット(2勝)ヘクタープロテクター	スリーローマン(4勝)ブライアンズタイム	アルヴァーダ(輸入)エルナンド	エイシンバンジー(0勝)トニービン	プリンセスゴーラン(0勝)オペラハウス
人気指数	76	48	35	4	30	19	8	56	48	4
木南	▲	…	☆	…	◎	△	△	○	△	…
山田	◎	△	☆	…	▲	…	…	…	○	…
福本	▲	◎	△	…	△	△	…	○	☆	…
柏山（娘平）	▲	○	△	…	☆	…	…	…	◎	…
水島	○	◎	☆	…	△	▲	…	…	△	…
高木	○	◎	△	…	△	…	…	☆	▲	…
本紙伊嶋	▲	◎	△	…	○	☆	△	△	…	…
重量騎手	57松若	55福永	57和田	57太宰	57小牧	57藤岡佑	57国分恭	57古川	57松山	57川須
騎手相性	0000	1000	1002	0002	0104	0000	0001	0000	0000	0014
厩舎	栗服部	栗藤原英	栗吉村	栗飯田雄	栗橋口	栗西浦	栗石橋	栗荒川	栗森	栗加藤敬
生月日毛色賞金	3.1鹿900	2.16栗900	4.7鹿900	4.30鹿580	5.2黒鹿700	3.17栗700	2.15鹿515	1.15鹿700	6.8鹿900	2.25黒鹿555
馬主	小林百太郎	シルクＲ	社台ＲＨ	イクタ	ノースヒルズ	シルクＲ	永井商事	社台ＲＨ	中西宏彰	中西功
生産者	佐竹学	ノーザンＦ	社台Ｆ	高橋正三	ノースヒルズ	社台Ｃ白老Ｆ	武牧場	社台Ｆ	マリ+Ｓ	諏訪牧場
持時計 2000/2200/2400	**4** 京良2.?.4 京?.?.3 京良2.?.9	新良2.00.8	京稍2.00.9 名良2.13.6	札ダ1.52.2 東良2.26.4	**3** 小良2.?.5 阪良2.?.5 京良?.?.9	阪良1.59.5 阪良2.11.9 京重2.29.3	小良1.59.7 京良2.13.4 新良2.25.1	**2** 阪良1.5?.9 京良2.?2.5 阪?.?.3	**1** 中良?.?9.4 中良2.?4.2	新良2.00.1 京良2.12.5 東良2.26.1
芝二重	1000	0021	0000	0000	1000	0110	1000	0010	0010	0000
芝二千	1000	0000	0010	0000	1210	0100	0000	0120	0030	0000
芝四成	1021	0000	0000	0000	1102	1111	0011	0100	0000	2110
成績	3401	0020	0130	2002	1630	2663	41295	2200	0150	4421
前走3	1小2.18 1 ③500万 4歳上坂53.5 云2.44.4 56幸1人 10ト4番 462 S⑦34.2 [9][3][3]00 ジャストコー	3福11.13 4 ④牝500 3歳上C38.2 宰2.02.6 53北村友1人 16ト1番 436 S⑤35.7 [16][16][16]03 アプリコット	5京11.19 5 [5]1000万 3歳上B39.8 宰内2.00.9 55和田5人 9ト8番 418 S⑧34.4 [7][6][6]07 3休ロードヴ	5京11.26 10 ⑦高雄 1000万坂52.2 亖外2.29.1 53菱田13人 13ト11番 462 M⑥35.3 [6][6][6]17 サラトガスピ	2京2.11 3 ❺琵琶湖 1000万C38.6 亖外2.28.8 57武豊4人 9ト2番 530 M⑨36.8 [7][7][7]05 ヤマカツポセ	1京1.22 3 [7]睦月 1000万坂54.5 亖外2.30.5 54アヴドゥ二7人 10ト7番 476 M⑦35.6 [8][9][6]03 ショパン	1小2.25 7 ⑤皿倉山 1000万坂55.5 云2.42.2 57秋山10人 12ト1番 470 S①35.4 [7][8][9]20 ウインスペク	5阪12.25 9 ⑨江坂 1000万坂54.1 亖外2.30.5 57松若8人 10ト7番 572 S⑧38.3 [1][1][1][1]13 エイシンハド	2京2.19 9 ⑧春日 1000万坂52.9 天外1.50.3 56小崎4人 10ト4番 460 M⑩37.2 [2][1]15 デンコウリキ	3福11.19 8 ⑤フルーツライ 1000万C38.3 云2.48.3 54川須9人 14ト12番 470 S⑭36.0 [9][8][9]04 エアカーディ
前走2	1阪3.12 10 ⑥淡路 1000万坂53.1 亖外2.27.1 54Mデムーロ1人 13ト8番 466 S①35.2 [2][2][2]07 ダノンアロー	4名12.10 1 ③牝500 3歳上B39.0 宰2.00.9 54北村友2人 18ト10番 430 M⑮35.7 [11][7][7]01 4休アオイプ	1小2.12 11 ②壇之浦 1000万C39.7 宰2.01.6 56藤岡康2人 13ト13番 426 M⑤36.6 [8][6][6]10 ジャズファン	1小2.18 11 ③和布刈 1000万坂53.5 札ダ1.46.8 57菱田14人 16ト2番 458 M①37.6 [16][16][14]20 スリーアロー	1小2.25 8 ⑤皿倉山 1000万B38.5 云2.42.5 57菱田3人 12ト5番 524 S①35.0 [11][11][11]23 ウインスペク	2京2.11 7 ❺琵琶湖 1000万坂54.6 亖外2.29.3 57アヴドゥ二2人 9ト8番 476 M⑨37.4 [9][7][7]10 ヤマカツポセ	1阪3.12 11 ⑥淡路 1000万坂55.2 亖外2.27.2 52菱田13人 13ト4番 470 S①34.6 [7][8][10]08 ダノンアロー	1京1.5 11 ①万葉 オープン坂55.1 三外3.08.9 49松若9人 12ト5番 574 S⑩40.4 [11][11][11]28 3休タマモベ	2中3.20 10 ⑧鎌ケ谷 1000万坂52.6 天外1.35.2 55吉原寛12人 13ト6番 456 M⑦35.8 [3][3][5]07 ヒーズインラ	1京1.5 9 ①万葉 オープンC39.9 三外3.07.8 49加藤11人 12ト6番 470 S⑩38.4 [11][12][12]17 3休タマモベ
前走	2阪4.8 5 ❺白鷺 1000万坂53.2 亖外2.29.4 57幸8人 13ト10番 462 M⑧37.5 [13][13][10]14 リッチーリッ	2東4.23 13 ②石和 1000万C38.3 天1.49.9 55蛯名3人 13ト13番 448 S⑩37.2 [6][7][7]28 ニシノジャー	1阪3.18 10 ⑦須磨 1000万C39.4 天外1.47.7 57和田11人 11ト7番 424 S①33.8 [1][9]08 タニノアーバ	2東4.30 8 ④陣馬 1000万B37.4 亖2.26.4 53太宰12人 12ト7番 458 S③36.4 [11][11][11]05 ウインヴォラ	3京4.22 11 ①比良山 1000万C39.7 三外2.13.7 54福永4人 16ト8番 524 M⑯35.9 [11][11][10]10 クィーンチャ	2阪4.8 13 ❺白鷺 1000万坂53.2 亖外2.33.2 57藤岡康11人 13ト13番 484 M⑧41.5 [11][11][8]52 リッチーリッ	3京4.22 7 ①比良山 1000万B38.9 三外2.13.4 52川又16人 16ト9番 470 M⑯35.3 [13][13][15]07 クィーンチャ	3京4.22 6 ①比良山 1000万C38.6 三外2.13.4 54浜中6人 16ト5番 562 M⑯36.0 [6][5][6]07 クィーンチャ	3中4.16 5 ⑧鹿野山 1000万坂53.3 宰内1.59.4 57岩田6人 10ト1番 452 S⑨35.2 [1][1][1][1]07 テオドール	1福4.16 15 ④[illegible] 1000万C39.0 云2.41.1 57秋山10人 16ト2番 468 M⑫37.0 [7][13][15]16 ブライトパロ

発走＝14時15分

芝・外 2400メートル

レコード＝2・22・6（00年サンエムエックス 57松永幹）

混戦 スローペース

本紙予想
馬連
2—5
1—2
2—6
2—3
2—7
2—8
3連単
❷

賞金
1着 1500万円
2着 600万円
3着 380万円
4着 230万円
5着 150万円

１着⑨ケンホファヴァルト　（３位64・３番人気）
２着⑧ロングスピーク　（２位70・６番人気）
３着⑤ハイプレッシャー　（６位54・５番人気）
単⑨ 520円　複⑨ 190円　⑧ 220円　⑤ 200円
馬連⑧ー⑨ 1560円　馬単⑨→⑧ 2680円
３連複⑤⑧⑨ 4080円
３連単⑨→⑧→⑤ 22000円

が、危険な人気馬といえるだろう。

さらに2位70⑧ロングスピークは、なんと6番人気（7・5倍）というように裏PG馬に該当する馬だったが、当取材班の編集による単行本『神ってるぜ！日刊コンピ王』（弊社刊）で示したように、一概に消しとはならない。特に少頭数レースの裏PG馬は、妙味があるというのが、今回の調査で判明したことでもある。

裏PGに該当するとはいっても、7・5倍というオッズを見る限り、混戦模様であることを示しているのに他ならないのだ。

3位64⑨ケンホファヴァルトが3番人気（5・2倍）、4位61②ロゼリーナが1番人気（3・7倍）という状況でPG馬だった。

ただ、PGといっても、4位が1番人気というのはいただけない。単に妙味のない馬ということが大半だ。PG馬の理想としては、10位前後の馬が6、7番人気になっている際が最もオイシイというのは説明するまでもないだろう。

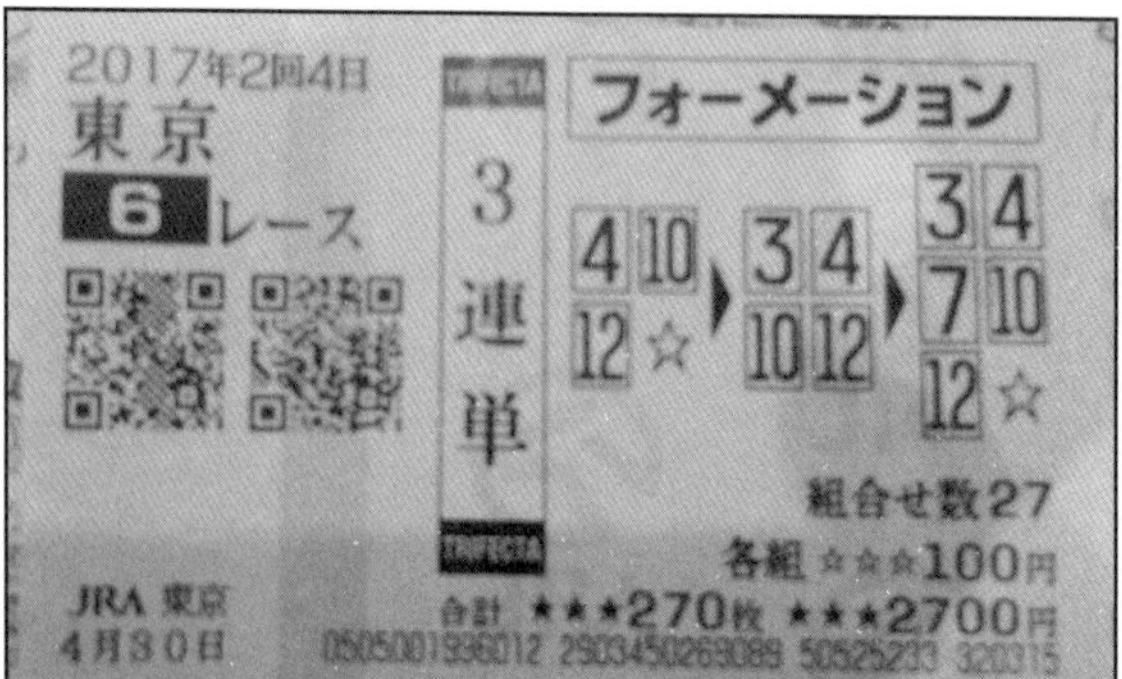

●2017年４月30日・東京６Ｒ（３歳500万下、芝1600ｍ）

	桃8	桃8	橙7	橙7	緑6	緑6	黄5	黄5	青4	赤3	黒2	白1
馬番	12	11	10	9	8	7	6	5	4	3	2	1
父	タイキシャトル	トーセンブライト	コンデュイット	トーセンファントム	エンパイアメーカー	ナカヤマフェスタ	グラスワンダー	アイルハヴアナザー	ダイワメジャー	パイロ	バーナーディニ	ディープブリランテ
馬名	エメラルスター	(地)マッシュクール	ドウディ	メモリーミネルバ	クインズコースト	グリトニル	エムオービーナス	クイントゥーブル	マンハイム	ラーナアズーラ	(外)バスカヴィル	ブリラーレ
性齢	牡3	牡3	牡3	牝3	牡3	牡3	牝3	牝3	牝3	牝3	牡3	牡3
母(母父)	セトウチティーラー(0勝)スペシャルウィーク	マッシュレイヤー(0勝)ジャングルポケット	ストームイメージ(0勝)ダンスインザダーク	トーセンミネルバ(1勝)キングカメハメハ	モストリーマーカブル(輸入)マーケトリー	ファーストサイト(3勝)メジロライアン	エムオーミラクル(2勝)タヤスツヨシ	マイネクイーン(2勝)アグネスタキオン	マンデラ(輸入)アカテナンゴ	グロッタアズーラ(0勝)フジキセキ	ディザラリーズ(米)ディストーティドヒューマー	メジロルバート(0勝)メジロライアン
	22	19	56	1	1	23	1	8	52	46	18	91
印	○		△	◎				△	☆	△		▲
印			☆						○	△	▲	◎
印	△	☆	○			△			▲	△		◎
印		▲	○			△			◎	△		☆
印	△		○			△			▲	☆	△	◎
印	◎		▲					△	☆		△	○
印		△	◎			☆		△	▲	△		○
斤量・騎手	56石橋	56江田照	56大野	54吉田豊	56田中勝	56北村宏	54柴田善	54柴田大	54津村	54柴山	56内田	56戸崎
厩舎	美相沢	美本間	美佐藤吉	美田村	美加藤征	関浅見	美鹿戸	美中野	美国枝	美畠山	美二ノ宮	関斉藤崇
入厩	4.12黒鹿400	3.19黒鹿250	4.5鹿400	2.8鹿400	3.14鹿400	2.16鹿400	4.4栗400	4.24栗400	4.4栗400	4.1栗400	3.4鹿400	1.29栗400
馬主	高橋勉	島川隆哉	e馬主組合	島川隆哉	亀田和弘	杉山忠国	大浅貢	ビッグレッド	サンデーR	グランデオーナーズ	モハメド殿下	早野誠
生産者	金[illegible]牧場	エスティF	松浦牧場	エスティF	大瀧康晴	明治牧場	門別牧場	ビッグレッド	[illegible]	[illegible]	アメリカ	レイク[illegible]F
持ち時計	中稍1.[illegible]9.5	東ダ1.40.7	中稍1.34.9	中稍1.36.0	中良1.38.1	中良1.35.0	阪良1.38.5	新良1.35.1	東良1.[illegible]0	中稍1.[illegible]3	東ダ1.37.4	東[illegible]
成績	1[illegible]00	0000	0121	1002	0001	1013	0001	0004	[illegible]	[illegible]	0000	01[illegible]
着順	1								3	2		4
3走前		1東2.12 14 ⑥500万 ダ1.40.7 56今野忠16人	1中1.5 9 ①ジュニア 芝外1.35.2 56蛯名6人	3東6.5 1 [2]新馬 芝1.37.7 54Mデム4人	1東1.28 6 ①500万 ダ1.39.1 56ルメール5人	2京2.12 6 [6]こぶし 芝内1.37.3 56岩田5人	3福11.5 1 ①未勝利 芝1.09.5 52木幡初1人	4東10.29 18 ⑧アルテミス 芝1.37.6 54嘉藤18人		2京2.4 4 ③エルフィン 芝外1.37.0 54浜中8人	1東1.28 8 ①500万 ダ1.39.5 56戸崎3人	5阪12.3 2 ①万両 芝内1.22.3 55幸7人
2走前	1東2.4 10 ③新馬 3歳C40.3 芝1.50.0 55石川6人 16ト12ｸ 458 S⑬34.6 [8][7][5]04 ピサノベルベ	2中2.25 8 ①水仙 500万C44.8 芝外2.18.8 56田中博8人 10ト3ｸ 488 S①35.0 [8][9][8]16 イブキ	1中1.21 11 ⑥若竹 500万坂53.9 芝内1.49.5 56横山典10人 14ト11ｸ 486 S⑧35.1 [14][14][14]12 ウインブライ	2中3.11 10 ⑤500万 3歳坂55.0 芝外1.36.7 54吉田豊7人 11ト3ｸ 438 S③36.2 [5][6][7]15 カリビアンゴ	1東2.12 10 ⑥500万 3歳C41.3 ダ1.40.0 56ルメール6人 16ト12ｸ 470 M⑦38.0 [1][1]16 フォーカード	1阪3.4 9 ③500万 3歳坂58.0 芝外1.48.3 56岩田11人 12ト4ｸ 422 S⑥34.0 [8][9]09 クリアザトラ	5阪12.11 18 ④阪神JF GⅠB38.6 芝外1.38.5 54木幡初16人 18ト3ｸ 464 M⑧38.3 [15][17]45 4休ソウルス	2中3.19 8 ⑦500万 3歳坂56.5 芝外1.36.8 54柴田大9人 13ト13ｸ 432 M⑩36.7 [2][2][2]07 ポールヴァン	ワールドエース	1阪3.12 12 ⑥フィリーズ GⅡB40.4 芝内1.22.2 54山口勲14人 18ト10ｸ 470 H⑮35.8 [14][14]12 カラクレナイ	2中2.26 2 ②500万 3歳C38.3 ダ1.56.2 56戸崎5人 10ト6ｸ 472 M⑥38.4 [4][4][3]01 ローズプリン	1東2.19 2 ⑧500万 3歳C40.8 芝1.34.8 56戸崎7人 16ト9ｸ 462 M⑬34.1 [13][13]01 ランガディア
前走	3中4.9 1 ❻未勝利 3歳B37.6 芝外1.39.5 56石川3人 16ト11ｸ 454 M③37.0 [4][5][6]00 タックボーイ	3中3.26 3 ②500万 3歳坂55.1 芝内1.52.1 54井上7人 13ト10ｸ 490 S⑫36.2 [11][10][5]03 モズカッチャ	3中4.2 2 [4]500万 3歳坂56.0 芝外1.34.9 56幸7人 15ト1ｸ 488 M⑫35.6 [4][3][3]02 ニシノアップ	3中4.2 11 [4]500万 3歳坂54.7 芝外1.36.0 54吉田豊11人 15ト4ｸ 424 M⑫35.6 [13][15][13]13 ニシノアップ	2中3.4 7 ③黄梅 500万C40.9 芝外1.38.1 56大野8人 8ト6ｸ 464 S⑥34.7 [8][8][8]09 ハローユニコ	1福4.8 4 ①ひめさゆり 500万坂57.4 芝2.00.5 56鮫島駿12人 13ト11ｸ 424 S⑩34.2 [9][10][8]06 ミッキースワ	3中4.15 12 ⑦500万 3歳B39.5 芝外1.09.7 54田中勝9人 16ト3ｸ 464 M⑦35.0 [7][7]11 スピールアス	3中4.9 2 ❻デイジー 牝500坂53.9 芝内1.53.6 54石橋11人 11ト7ｸ 428 S④37.1 [1][1][1]00 マナローラ	1東2.11 1 ⑤未勝利 3歳 計不 芝1.35.0 54津村10人 16ト16ｸ 426 H⑤35.0 [12][9]02 レローヴ	3中4.2 5 [4]500万 3歳C38.5 芝外1.35.3 54吉田隼5人 15ト10ｸ 470 M⑫35.2 [13][13][11]06 ニシノアップ	2中3.20 5 ⑧500万 3歳B39.4 ダ1.55.1 56戸崎2人 15ト15ｸ 472 M⑫39.2 [4][6][6]08 スターストラ	2名3.11 4 ①フローラル 500万C40.3 芝1.36.0 56戸崎2人 10ト11ｸ 458 S⑨33.6 [10][10][10]03 スズカメジャ
	10101 00000 00000 01011	00000 00000 00101 00104	11011 01102 01102 01213	01011 00000 00000 00202	00001 00000 00000 00104	01001 00000 00101 00707	00101 01001 00000 00202	01001 10101 00000 02214	01011 00000 00000 00000	00101 00000 00000 02517	00001 00002 00000 00002	00101 01112 01001 01102
	25.4	29.8	5.1	68.2	67.3	23.8	68.5	41.5	5.4	6.7	31.3	1.7

馬番能力順位	1	2	3	4	5	6	7	8	9	10	11	12
6　R	❶ 84	③ 64	④ 63	⑩ 62	⑫ 55	⑦ 54	② 53	⑪ 52	⑤ 48	⑨ 42	⑥ 41	⑧ 40

１着⑫エメラルスター　（５位 55・６番人気）
２着③ラーナアズーラ　（２位 64・４番人気）
３着④マンハイム　　　（３位 63・３番人気）
単⑫ 1280 円　複⑫ 370 円　③ 300 円　④ 240 円
馬連③−⑫ 6100 円　馬単⑫→③ 12730 円
３連複③④⑫ 9950 円
３連単⑫→③→④ 68390 円

そして1位が危険なレースでは、2位がしぶとさを発揮する傾向にある。

結果は、1着3位⑨ケンホファヴァルト、2着2位⑧ロングスピーク、3着6位⑤ハイプレッシャー。ハイプレッシャーは5番人気（7・0倍）と、1〜3着馬は単勝10倍未満による3頭の決着だったが、3連単は2万2000円というオイシイ万馬券決着になった。

少頭数レースのポイントである6〜8位の馬が1頭とはいえ3着に入ったし、1位が飛んだ際の有力軸候補である2位がしっかりと連対というお手本のようなレースといえる。

17年4月30日東京6R（12頭立て、3歳500万下、芝1600m）では、1位84の①ブリラーレが1番人気（2・3倍）で4着に敗退。1着に5位55で6番人気（12・8倍）の⑫エメラルスター、2着2位64で4番人気（10・2倍）の③ラーナアズーラ、3着3位63で3番人気（5・6倍）の④マンハイムで決着し、3連単6万8390円という高配当になっている（P206〜207）。

リアルオッズでは人気のなかった馬が1、2着した格好だが、コンピ指数で分析すれば2〜5位のうちの3頭で決まったもの。組み合わせの問題はあるかもしれないが、これで6万馬券なら文句はないだろう。少頭数レースではコンピ1位がコケてしまえば、ちょっとしたことで配当もハネ上がるのだ。

17年3月25日阪神6R（10頭立て、3歳500万下、ダート1400m）でも同様のことがいえる。

このレースは、1着が2位79で1番人気（2・3倍）の⑨メイショウラケーテ、2着5位56で4番人気（9・6倍）⑩アスターゴールド、3着8位48で8番人気（65・3倍）④ジョーカトゥーラの順で決着。3連単3万6570円という配当になった。

確かに10頭立てでまったく人気のない8位を3着にマークするのは勇気がいることだが、よくよく考えてみれば、少頭数レースこそ人気薄をヒモに拾いやすい。先述したように、人気薄の馬を加えても点数が少なくて済むからだ。

●2017年３月25日・阪神６Ｒ（３歳500万下、ダ1400ｍ）

阪神 6 ３歳500万下（混合・指定）

枠・馬番	白1 1	黒2 2	赤3 3	青4 4	黄5 5	緑6 6	橙7 7	橙7 8	桃8 9	桃8 10
父	タートルボウル	キンシャサノキセキ	ヒルノダムール	マンハッタンカフェ	トビーズコーナー	ダイワメジャー	メイショウサムソン	サウスヴィグラス	アグネスデジタル	ゴールドアリュール
馬名 性齢	ビックリシタナモー 牡3	ショウサンルヴィア 牡3	㊞アートオブダムール 牝3	ジョーカトゥーラ 牡3	ヴァリーゲイト 牡3	タイセイブレーク 牡3	メイショウオオヅツ 牡3	サザンボルケーノ 牡3	メイショウラケーテ 牡3	アスターゴールド 牡3
母（母の勝利・生産国）	ノンキ（2勝）	ショウサンウルル（3勝）	ダイタクヴォーグ（0勝）	ジョーブシケ（1勝）	ケイティミサイル（1勝）	インディレスゴールド（3勝）	ブラックアテナ（2勝）	サザンジュエリー（0勝）	クィーンロマンス（2勝）	シンボリスカ（0勝）
母父	サンデーサイレンス	グランドスラム	バントレセレブル	フサイチコンコルド	スペシャルウィーク	ブライアンズタイム	シンボリクリスエス	アフリート	ティンバーカントリー	ティンバーカントリー
人気指数	38	6	1	4	36	84	9	27	88	33
木南	△			☆	△	○		◎	▲	△
岡本	△				△	○		▲	◎	☆
福娘平本	△				☆	◎	△	△	○	▲
柏山	△				☆	▲		◎	○	
辻敦子	△	△				☆	△	▲	○	◎
高村	△			△	☆	◎		△	○	▲
本紙伊嶋	△	△			▲	○		☆	◎	△
重量騎手	56松若	54シュタルケ	54岡田	53▲森裕	56小牧	56川田	56松山	56北村友	56池添	56田中健
厩舎	栗音無	栗松下	栗佐藤正	栗中竹	栗大橋	栗浜田	栗河内	栗加用	栗松永昌	栗南井
生月日毛色賞金	3.31黒鹿400	3.13鹿400	5.2鹿200	3.9黒鹿400	4.30栗400	3.23栗400	4.17鹿400	3.3栗400	4.6黒鹿400	4.10栗400
馬主	小田切有一	鈴木昭和	岡田隆寛	上田けい子	村上稔	田中成奉	松本好雄	南波寿	松本好隆	加藤久枝
生産者	中原牧場	モリナガF	岡田牧場	[illegible]	浦河育成牧場	[illegible]	社台F	木村牧場	[illegible]	[illegible]
1400ダ持	芝良1.24.4	京良1.26.2	芝良1.23.2	[illegible]	阪良1.26.1	[illegible]	京良1.26.0	東重1.24.1	[illegible]	[illegible]
千四ダ	0000	0001	0000	[illegible]	1000	[illegible]	0011	0013	[illegible]	[illegible]
前4走	1名1.28 ⑤三宮 7 ダ1.13.6 56北村友7人	4京10.16 ⑤牝未勝 5 ダ1.26.2 51坂井4人	4名12.17 ⑤三宮 13 芝1.23.5 54城戸14人	3福11.12 3未勝利 9 芝1.12.1 55杉原5人		5阪12.3 ①万両 6 芝内1.22.5 55和田2人	5京11.27 ⑧未勝利 1 ダ1.11.3 54岩崎3人	4京10.23 ⑦ごま 8 ダ1.26.2 55藤岡康5人	5阪12.24 ⑧新馬 6 ダ1.25.6 55池添10人	
前3走	2京2.19 ⑧500万 4 3歳坂51.7 ダ1.13.2 56佐藤友8人 14ト9ゲ 504 M①36.1 13 13 04 アスタースウ	4京10.30 ⑨牝未勝 1 2歳坂57.7 ダ1.13.5 51坂井4人 13ト6ゲ 444 M②38.0 1 1 02 3休エイドロ	2京2.19 ⑧つばき 7 500万坂52.4 芝外1.53.0 54城戸7人 9ト6ゲ 434 S②34.8 8 8 24 ファンディー	5阪12.3 ①未勝利 17 2歳坂53.3 芝内1.24.8 54岩崎17人 18ト15ゲ 528 H⑥38.2 2 2 18 3休ルタンデ	ミキノドラマー	1東2.19 ⑧500万 7 3歳坂53.8 芝1.35.2 56ルメール6人 16ト4ゲ 510 M⑬35.5 2 2 05 ランガディア	5中12.24 8冬桜 13 500万坂54.2 ダ1.13.2 55石橋11人 16ト7ゲ 526 H⑥38.0 14 16 19 ディオスコリ	5東11.12 ③オキザリス 5 500万C40.4 ダ1.24.1 55松岡9人 16ト10ゲ 472 H⑪36.7 9 9 02 シゲルコング	1京1.14 4未勝利 1 3歳 13.5 ダ1.53.6 56池添3人 14ト6ゲ 466 S③36.7 1 1 1 1 08 オーサムバロ	2京2.18 7新馬 1 3歳C39.2 ダ1.54.5 56田中健13人 16ト5ゲ 486 M③37.4 4 4 3 04 ラローデ
前走	1阪3.11 ⑤500万 7 3歳坂52.2 ダ1.11.9 54坂井7人 13ト10ゲ 504 M④35.4 13 13 05 マテラスカイ	1小2.18 ③あざみ賞 16 500万坂55.4 芝1.10.7 54坂井13人 18ト15ゲ 452 H⑦36.2 8 9 18 デスティニー	1阪3.12 ⑥500万 11 3歳坂55.4 芝内1.10.8 52城戸10人 13ト6ゲ 434 M⑦35.0 10 11 17 エンゲルヘン	笠松3.8 ①JRA交流 1 3歳 ダ1.29.2 56佐藤友3人 10ト2ゲ 542 M⑤38.8 1 1 1 1 06 ノリミ	1阪3.5 ④新馬 1 3歳坂54.1 ダ1.26.1 56小牧9人 16ト11ゲ 478 H④38.1 1 1 02 タガノリアン	2名3.12 ②昇竜 5 3歳坂53.7 ダ1.25.6 56太宰7人 12ト11ゲ 506 M①37.1 5 4 03 テイエムヒッ	1阪3.11 ⑤500万 13 3歳坂53.2 ダ1.14.1 56柴田大9人 13ト13ゲ 528 M④38.9 5 6 27 マテラスカイ	4名12.3 ①寒椿 10 500万C38.8 ダ1.27.0 55酒井8人 11ト7ゲ 470 H⑨40.6 9 8 23 3休シゲルペ	2京1.28 ①500万 2 3歳坂54.1 ダ1.52.6 56池添2人 10ト3ゲ 464 H⑩38.4 1 1 1 1 02 エルデュクラ	2中3.4 3500万 7 3歳坂53.4 ダ1.54.4 56津村3人 9ト9ゲ 484 M①38.8 2 2 2 08 パレスハング
ダ左右阪全	01001	00101	00000	00101	00111	00001	10101	00101	00101	00101
重回回	00001	00000	00000	00000	00000	00000	00000	00000	00101	00000
成りり神成	00000	00001	00000	00000	00000	00001	00101	00111	00000	00000
績ダダダ績	014312	00103	00006	00004	00000	01004	00314	12103	10111	00101
単予想オッズ	9.7	39.0	59.5	47.3	10.9	2.4	37.1	18.0	2.0	13.4

発走＝12時45分

ダート1400メートル

レコード＝1・21・5
（12年インオラリオ 56浜中）

小波乱 ハイペース

1着賞金720万円

本紙予想 馬連

6—9
5—9
8—9
1—9
2—9

指数	1	2	3	4	5	6	7	8	9	10
6R	⑥80	❾79	①59	⑤57	⑩56	⑧55	⑦49	④48	②47	③40

１着⑨メイショウラケーテ　（２位 79・１番人気）
２着⑩アウターゴールド　（５位 56・４番人気）
３着④ジョーカトゥーラ　（８位 48・８番人気）
単⑨ 230 円　複⑨ 110 円　⑩ 250 円　④ 760 円
馬連⑨−⑩ 1030 円　馬単⑨→⑩ 1620 円
３連複④⑨⑩ 11420 円
３連単⑨→⑩→④ 36570 円

しかも、ジョーカトゥーラは8位といっても指数値は48だった。ハイパー馬券術では、指数が46以上あればヒモ候補というのが一般的。また、繰り返しになるが少頭数レースで好配当のカギを握る6～8位にも該当している馬でもある。

3連単を購入する際には、ジョーカトゥーラのような馬を積極的に押さえたい。

コンピで少頭数の重賞を攻略

続いて衝撃的だったのが、重賞の少頭数レース。もちろん、ここでも日刊コンピが有力な手がかりとなる。

2014年以降、8～13頭立てになった重賞で1位が飛んだのは35レースある。軸となるのは2位または3位といったところだろう（表6）。

単複回収率も参照すると、**3位を1着付け**にすると面白い馬券が拾える。また、7位以降は1着が極端に少なくなるので、2、3着で拾うという戦略も有効的だろう。

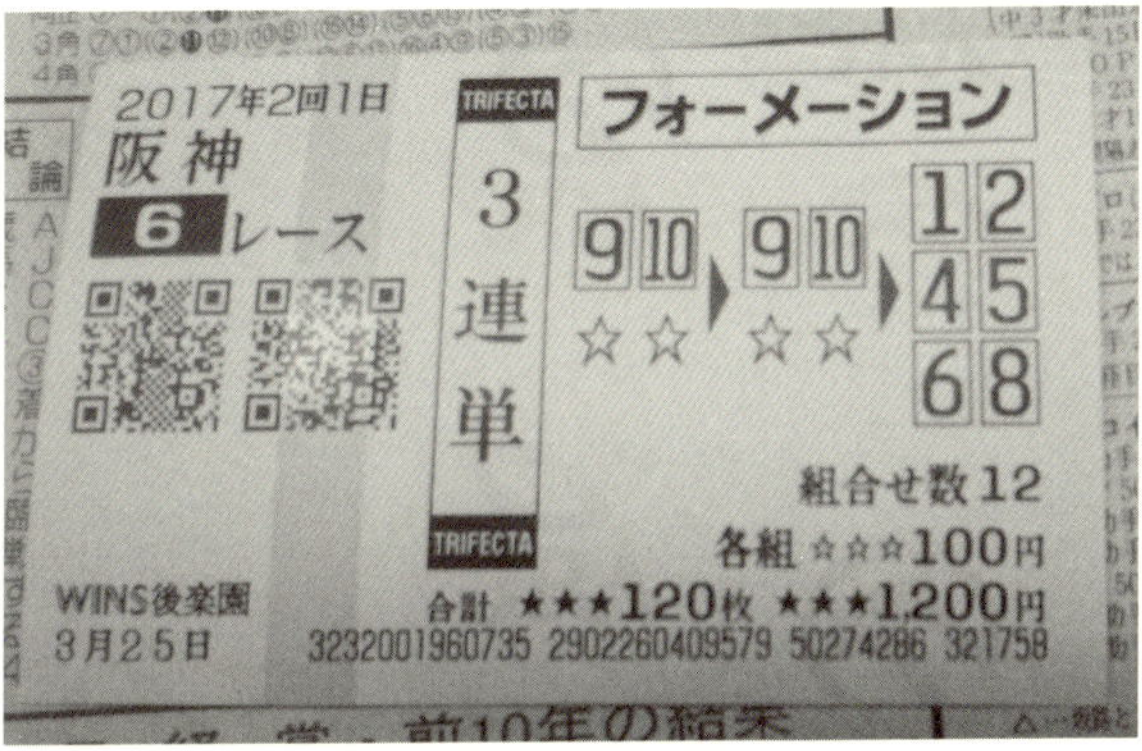

表6●【少頭数＆コンピ1位着外の重賞レース】のコンピ順位別成績

順位	着別度数	勝率	連対率	複勝率	単回値	複回値
2位	9- 5- 8- 13/ 35	25.7%	40.0%	62.9%	118	119
3位	9- 4- 4- 18/ 35	25.7%	37.1%	48.6%	159	108
4位	3- 9- 6- 17/ 35	8.6%	34.3%	51.4%	38	156
5位	5- 6- 3- 21/ 35	14.3%	31.4%	40.0%	155	164
6位	5- 2- 7- 21/ 35	14.3%	20.0%	40.0%	274	198
7位	0- 1- 3- 31/ 35	0.0%	2.9%	11.4%	0	58
8位	1- 1- 0- 33/ 35	2.9%	5.7%	5.7%	27	20
9位	1- 1- 2- 30/ 34	2.9%	5.9%	11.8%	102	75
10位	1- 3- 1- 29/ 34	2.9%	11.8%	14.7%	68	109
11位	0- 2- 0- 30/ 32	0.0%	6.3%	6.3%	0	51
12位	1- 1- 1- 19/ 22	4.5%	9.1%	13.6%	166	205
13位	0- 0- 0- 11/ 11	0.0%	0.0%	0.0%	0	0

馬券が獲れたわけではないが、17年2月26日中山記念（11頭立て）は1着が3位60で3番人気（単勝7・1倍）①ネオリアリズム、2着10位41で8番人気（45・3倍）⑤サクラアンブルール、3着5位57で7番人気（15・2倍）⑨ロゴタイプで決着。3連単は特大の31万馬券となった。

波乱の原因となったのは、1位88で1番人気（2・3倍）⑦アンビシャスが4着に敗れ去ったこと。1位88と高い値ながら、単勝オッズが2倍台というのは意外と危険なサインでもある（1位88なら1倍台でもおかしくない）。

しかも、**少頭数の重賞レースにおいて1位88のレースは両極端な成績**となりやすい。8～13頭立ての重賞で1位88の成績は【10－1－1－8】という具合で、馬券になる際はほぼ1着だ。しかし、着外数が8回あり、複勝率ベースでは60％しかないのだ。

説明するまでもなく、88という指数は90に次ぐ数値ではあるが、これが素っ飛べば中山記念のように波乱決着が見込める。

期間内で1位88が飛んだ少頭数重賞の結果をまとめてみることにしよう。

●14年いちょうS（12頭立て）
…1位88サトノフラムが1番人気（1・4倍）で10着
1着3位63（4番人気、8・1倍）↓2着2位65（2番人気、6・8倍）↓3着4位62（3番人気、7・1倍）＝3連単2万2600円

●14年京都2歳S（8頭立て）
…1位88ティルナノーグが1番人気（1・5倍）で7着
1着6位53（6番人気、19・5倍）↓2着2位74（2番人気、4・3倍）↓3着5位55（5番人気、15・1倍）＝3連単6万8280円

●15年弥生賞（11頭立て）
…1位88シャイニングレイが1番人気（1・9倍）で7着
1着2位72（2番人気、6・3倍）↓2着4位57（4番人気、9・1倍）↓3着9位47

（10番人気、51・8倍）＝3連単18万7960円

●16年共同通信杯（10頭立て）

…1位88ハートレーが1番人気（1・9倍）で9着

1着6位54（6番人気、22・6倍）↓2着5位57（5番人気、14・0倍）↓3着3位59（3番人気、6・4倍）＝3連単9万8880円

●16年CBC賞（13頭立て）

…1位88エイシンブルズアイが1番人気（2・9倍）で9着

1着5位55（3番人気、7・5倍）↓2着11位47（7番人気、19・1倍）↓3着2位64（2番人気、4・1倍）＝3連単13万6160円

●16年富士S（11頭立て）

…1位88ロードクエストが1番人気（2・1倍）で9着

1着3位60（3番人気、5・6倍）↓2着4位58（4番人気、6・9倍）↓3着2位73（2番人気、5・2倍）＝3連単1万9900円

●17年宝塚記念（11頭立て）

…1位88キタサンブラックが1番人気（1・4倍）で9着

1着5位58（3番人気、9・0倍）↓2着4位59（5番人気、12・7倍）↓3着6位57（4

番人気、10・4倍）＝3連単7万420円
　このように、8～13頭のレースだからといって、1位が飛べば高配当になることも少なくないのだ。

12位46の少頭数レースの狙いは10、11位

　12、13頭立てレース限定になるが、12位の指数が46であれば、指数下位の馬が馬券になるチャンスが増える。
　対象レースはそれほど多くないものの、期間内で188レースが該当。どちらのレースでも注目したいのが10、11位の馬である。12頭立てレースでは、場合によって最下位の12位が注目馬になることもある。馬券が獲れたわけではないものの、いくつか例を紹介することにしよう。

　2017年5月13日東京11R京王杯スプリングCは、重賞のわりには頭数が揃わず13頭立てのレースとなった。

　上位は、1位85④サトノアラジンが1番人気（単勝3・5倍）、2位68⑩レッドファルクスが2番人気（5・0倍）、3位66③キャンベルジュニ

馬番能力順位	1	2	3	4	5	6	7	8	9	10	11	12	13
11　R	④85	⑩68	③66	⑨58	⑬55	②54	⑧51	⑦50	⑪49	⑫48	⑥47	⑤46	①40
												★	

▲京王杯ＳＣの日刊コンピ

アが3番人気（5・3倍）という並び。一方、12位が指数46（⑤トーセンデューク）と波乱条件を満たしている。

この場合、ターゲットとなる10位48が⑫クラレントで11番人気（50・3倍）、11位47が⑥ダンツプリウスで12番人気（53・7倍）だった。

この2頭のうち、どちらを購入すればいいのかは悩ましいところだが、単勝オッズにそれほど差がない場合は上の順位の馬を、極端に人気に違いがある際は逆に妙味ありと判断し人気薄を購入するのがベターというのが、ひとつの結論だ。

そういった意味では、京王杯ＳＣは単勝オッズに大きな差はなく、絞るのであれば⑫クラレントが浮上する。

結果は、その⑫クラレントが2着に入り大波乱。1着が⑩レッドファルクス、3着が4位58で4番人気（6・2倍）⑨グランシルク。馬連1万９２３０円、馬単2万６２４０円、3連複2万９３９０円、3連単17万９７７０円と特大配当となった（ワイドでも⑩―⑫が４５２０円、⑨―⑫が４０６０円）。

12、13頭立てのレースにも関わらず、12位が46というレースは混戦模様になっていることが少なくない。故・飯田雅夫氏は早くから「ヒモは46以上」が原則といっていたが、それが12頭立てレースであれば、全馬が馬券対象になっても不思議がないというレースになるのだ。

お次は、データ対象期間外のレースだが、本書スタッフに起こった悲劇を紹介しよう。

17年7月2日函館6R（3歳上500万下、ダート1000m）は、いかにも荒れそうな気配が漂っていたのだ。このレースは12頭立てで12位46というレース。つまり全馬に馬券圏内のチャンスがあるということ。

また1位の指数も66と低く、大混戦必至だったというのがわかる。コンピ1位の値としては極めて低い値である。

しかも、その1位66④トウショウデュエルは、なんと裏SPGにあたる7番人気（11・6倍）。2位62が②アッティーヴォで6番人気（9・9倍）と、こちらも裏PG馬に該当する。3位61⑧ガーシュウィンのみ3番人気（5・6倍）で一致。上位がこんな状況では、12頭立てでも大混戦レースだとジャッジできる。

PG（ポジションギャップ）の原則に照らせば、人気を上げている馬（PG&SPG馬）は買いとなるし、下げている馬は（裏PG&裏SPG）は

指数	1	2	3	4	5	6	7	8	9	10	11	12
6R	④ 66	② 62	❽ 61	⑤ 60	⑥ 59	⑩ 58	③ 57	⑫ 56	⑨ 52	⑦ 48	① 47	⑪ 46

▲2017年7月2日函館6Rの日刊コンピ　★

評価を下げたいということになる。しかし、少頭数レースの場合、（Ｓ）ＰＧ馬は人気になり過ぎの感が否めない。むしろ、裏（Ｓ）ＰＧ馬に期待したい。「コンピ順位が高いのに売れていない馬＝オイシイ馬」と判断することもできるのだ。

　このレースでキモとなる10位48が⑨アースヴィグラスで9番人気（14・7倍）、11位47が①ラファーガで11番人気（76・5倍）という状況。指数はひとつしか違わないのに、単勝オッズがこれほど違うのであれば①ラファーガから攻める手はありそう。

　そこで相手を裏（Ｓ）ＰＧ馬の1、2位にすることにしたのだ。あえて裏をかこうとしたわけである。先に説明した通り、（Ｓ）ＰＧ馬では少頭数レースにしては売れすぎと判断したの

6位（2番人気）の⑩ウイナーズロードが抜けて悶絶！

だが……。

ともかく結果を先に書くことにしよう。1着に入ったのが裏PG馬にあたる②アッティーヴォ。2着が6位58で2番人気(5・5倍)とPG馬に該当する⑩ウイナーズロード、3着に首尾よく穴の軸馬に抜擢した①ラファーガが入った。

しかし、ラファーガとアッティーヴォの2頭から流した3連複馬券は外れ。裏(S)PG馬はピックアップしていたが、PG馬はあえて切ったためだ。3連複は5万7600円、3連単は21万6070円の結果となった。

結果として、PG馬を購入したほうが正解だったことになる。一方で、少頭数レースでは裏(S)PG馬を切ってはいけないということがいえるだろう。

無理せず3連複ではなくワイドという手もあった。①―②のワイドが6800円、①―⑩でも5530円と好配当だった。少頭数レースでは、コンピの原理原則を守りつつ、通常では軽視するタイプの馬でも、念のため押さえておいたほうがよさそうだ(それでも大して点数が増えるわけではない)。

最後に、12位が買えるパターンも紹介しておくことにしよう。

12、13頭立てで共通しているのが、12位が11、12番人気のケースだ。13頭立てのレースで12位が最低の13番人気であれば、まず馬券にならない。【0―0―0―24】とすべて着外になっている。

少し前のレースだが、17年1月21日中山11Rカーバンクルが代表例だ。このレースは12頭立てで1位88⑦ナックビーナスが1番人気（2・1倍）、12位46⑨オウノミチで11番人気（41・2倍）という状況だった。

1位指数が比較的抜けているのに、12頭立てで12位46ということは、相手が混戦だというレースを意味している。レースの結果もその通りとなった。

1着がその1位88⑦ナックビーナス。2着に入った⑤コスモドームは8位51で8番人気（19・3倍）。3着が⑨オウノミチだった。1位↓8位↓12位というように、ヒモ荒れの結果となったのだ。3連複は1万6550円、3連単は5万3060円というもの。

12、13頭立てのレースで、12位46となり、その12位が11番人気かつ12番人気だった場合の成績は【2―3―4―104】と複勝率でも8%しかないが、単勝回収率は193%、複勝回収率は126%を超えている。率は悪くても一発長打の威力を秘めているのだ。

馬番能力順位	1	2	3	4	5	6	7	8	9	10	11	12
11 R	⑦ 88	④ 68	⑥ 59	⑧ 56	⑪ 55	⑫ 54	② 53	⑤ 51	③ 50	① 49	⑩ 47	⑨ 46

▲カーバンクルSの日刊コンピ　★

ちなみに、このカーバンクルSは12位46が馬券になった際の3連単の最低配当。逆にいうと、馬券になった9回のうちは、ほとんどが10万円以上の配当だった。中には100万馬券になったケースもあるので侮れない。

100万馬券は狙って獲れるものではないが、少頭数レースでコンピを上手に使えば大物獲得に近づくはずだ。

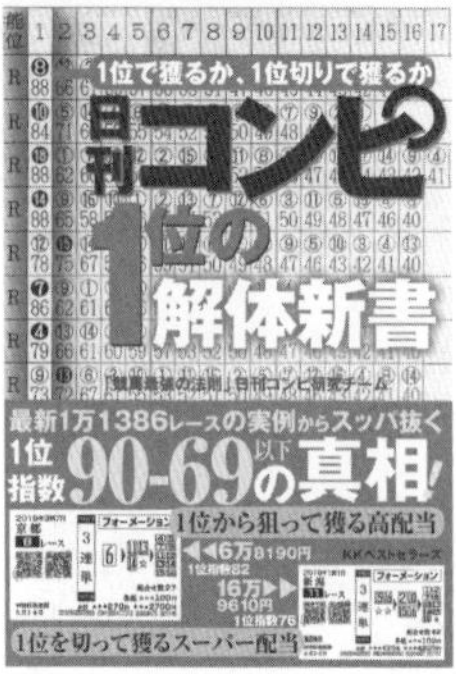

「競馬最強の法則」日刊コンピ研究チーム

年刊本として日刊コンピ最新馬券術アンソロジーを編集刊行（いずれもＫＫベストセラーズ）。2008年『史上最強！日刊コンピ攻略大全』、09年『日刊コンピ大頭脳』、10年『日刊コンピ奇跡の法』、11年『日刊コンピの金賞』、12年『日刊コンピ大宝典』、13年『日刊コンピ王！』、14年『進撃！日刊コンピ王』、15年『一獲千金！日刊コンピ王』、16年『爆万！日刊コンピ王』、17年『神ってるぜ！日刊コンピ王』。他に『日刊コンピ１位の気になる真相！』（競馬ベスト新書）、『日刊コンピ　ハイパーサーチ』、『日刊コンピ ブロックバスター』『日刊コンピ１位の解体新書』。

日刊《にっかん》コンピ ハイパー万券《まんけん》サーチ

2017年９月５日　初版第一刷発行

著者◎「競馬最強《けいばさいきょう》の法則《ほうそく》」日刊《にっかん》コンピ研究《けんきゅう》チーム

発行者◎栗原武夫
発行所◎ＫＫベストセラーズ
〒170－8457　東京都豊島区南大塚２丁目29番７号
電話　03－5976－9121（代表）

印刷◎錦明印刷
製本◎フォーネット社

ISBN978－4－584－13807－6　C 0075